(Aus)brennen für Gerechtigkeit

Olivia Lasser

(Aus)brennen für Gerechtigkeit

Alltag und Arbeitsbedingungen in Betreuungsberufen

ÖGB VERLAG

Verlag des Österreichischen Gewerkschaftsbundes GmbH
Johann-Böhm-Platz 1
1020 Wien

Tel. Nr.: 01/662 32 96-0
Fax Nr.: 01/662 32 96-39793
E-Mail: office@oegbverlag.at
Web: www.oegbverlag.at

Umschlaggestaltung: Thomas Jarmer

Medieninhaber: Verlag des ÖGB GmbH, Wien

Hersteller: Verlag des ÖGB GmbH, Wien
Verlags- und Herstellungsort: Wien
Printed in Austria
ISBN 978-3-99046-426-7

Inhaltsverzeichnis

Vorwort der AK Wien

Auch Betreuungsarbeit wird in der Welt der Pflege- und Gesundheitspolitik notorisch unterschätzt.

Betreuung befasst sich neben der ganz alltagspraktischen Unterstützung auch mit einer Vielzahl an kommunikativen, psychischen und sozialen Bedürfnisse der begleiteten Menschen. Gute Betreuung gibt Menschen Sicherheit, lässt sie Wertschätzung und Respekt erfahren. Sie ist damit eine unverzichtbare Leistung in der Arbeit mit unterstützungsbedürftigen Menschen.

Die Autorin des vorliegenden Buches untersucht eingehend die Arbeitsrealitäten von ArbeitnehmerInnen, die in Betreuungsberufen tätig sind.

Damit ist diese Arbeit einzigartig in Österreich, da sich bis dato niemand so intensiv mit dem Berufsbild, den unterschiedlichen Aspekten diverser Betreuungsfelder (Behindertenbetreuung, Flüchtlingsbetreuung, Kinderbetreuung, Jugendbetreuung, Wohnungslosenbetreuung sowie Gewaltschutzbereich), den Alltagsorgen sowie strukturellen und praktischen Schwierigkeiten auseinandersetzt.

Der theoretische Teil geht auf das Berufsbild, dessen Aufgaben und Erfordernisse im Berufsalltag, auf kollektivvertragliche Bestimmungen sowie Probleme bei der Entlohnung, der Anstrengungen durch Schichtarbeit und Überforderungen ein.

Der empirische Teil beinhaltet 15 Sozialreportagen, die auf Interviews basieren. Die BetreuerInnen, die zu Wort kommen, schildern eindrücklich ihren Arbeitsalltag, identifizieren und enttabuisieren damit gleichzeitig Schwierigkeiten und beschreiben, warum sie diesen Beruf dennoch gerne ausüben oder sich überhaupt dafür interessiert haben. Die Reportagen zeigen auf, wie wichtig Betreuung für die betroffenen Menschen in ihrem Alltag ist und macht deutlich, dass es dabei auch um Fragen der Verteilungsungerechtigkeit geht, Betreuung für unterprivilegierte Menschen zu gewährleisten. Auf der anderen Seite wird aufgezeigt, wie gerne der Beruf von den BetreuerInnnen ausgeübt wird und wie notwendig die Verbesserung der Rahmen- und Arbeitsbedingungen ist, um weiterhin Menschen für diesen Beruf zu gewinnen und sie auch im Beruf zu halten.

Die Arbeiterkammer Wien, Abteilung für Gesundheitsberuferecht und Pflegepolitik hat aus all diesen Gründen die Entstehung dieses Buches gerne unterstützt und gefördert.

Ich wünsche allen LeserInnen eine spannende und interessante Reise durch die Arbeits- und Lebenswelt der BetreuerInnen.

Silvia Rosoli

Leiterin der Abteilung
Gesundheitsberuferecht und Pflegepolitik

Arbeiterkammer Wien

Teil 1:

Von der Theorie …

Hunderttausende Menschen nehmen in Österreich täglich Betreuungsdienstleistungen in Anspruch. Sei es im Bereich der Wohnungslosenhilfe, Behindertenarbeit, Kinderbetreuung, Altenbetreuung, Flüchtlingshilfe, im Gewaltschutzbereich, in der Jugendarbeit, in der Betreuung von Haftentlassenen oder von Menschen mit psychischer Erkrankung – die Einsatzgebiete von BetreuerInnen im psychosozialen Bereich sind vielfältig. Psychisch und physisch belastende Arbeitsbedingungen, wenig Anerkennung, schlechte Bezahlung, geringe Sichtbarkeit oder Messbarkeit der Erfolge im herkömmlichen Sinn, Missstände in den Einrichtungen und ein nur unklar definiertes Aufgabengebiet prägen für viele BetreuerInnen den Arbeitsalltag. Gleichzeitig ist das Berufsbild der BetreuerIn in der Öffentlichkeit wenig präsent und wenig wertgeschätzt.

Auch Forschungen und Sachbücher haben sich bis dato eher mit den Herausforderungen angrenzender Fachgebiete wie Sozialarbeit oder Pflege auseinandergesetzt. Zum Beruf des Betreuers/der Betreuerin gibt es kaum Literatur, die sich mit Aufgaben, Alltag oder Berufsidentität beschäftigt. Dieses Buch will aufzeigen, welchen Schwierigkeiten und Herausforderungen BetreuerInnen im Alltag ausgesetzt sind, mit welchen tabuisierten Aspekten sie im Berufsalltag konfrontiert werden und mit welchen strukturellen Mängeln sie zu kämpfen haben. Hierzu werden eingangs die strukturellen Rahmenbedingungen wie Gehalt, Arbeitszeiten, Schichtarbeit oder Überbelastung durch zu hohe KlientInnenzahlen dargelegt. Der Versuch einer Definition von „Betreuung“ wird vorgenommen und Betreuung wird im Dritten Sektor und als Teil der Sozialen Dienste verortet. Aufgabengebiete, die im Berufsalltag anfallen, werden beschrieben. Die einleitenden Seiten stellen zur Diskussion, welche Eigenschaften und Zugänge für das Ausüben von Betreuungsberufen vorteilhaft sind und wer hauptsächlich in der Betreuung arbeitet.

Im weniger theoretisch anmutenden Teil wird danach BetreuerInnen der Raum gegeben, aus sehr persönlicher Sicht aus ihrer Praxis zu erzählen. Sie erklären, warum sie sich für diesen Beruf entschieden haben, was ihnen an der Betreuungsarbeit sinnvoll erscheint und Spaß macht und wie sich ihre persönliche Entwicklung hin zu dieser fordernden Tätigkeit gestaltet hat. Von ihnen selbst aufgegriffene Probleme und Schwierigkeiten, die den Alltag prägen, werden dargelegt und wenn nötig um Hintergrundinformationen vervollständigt. Ihre Erzählungen ergänzen und bestätigen die strukturellen Probleme, die einleitend aufgegriffen werden, verdeutlichen aber auch, wie erfüllend sich die Betreuungsarbeit gestalten kann.

„BetreuerIn" ist kein geschütztes oder klar definiertes Berufsfeld. Betreuung (Unterbringung), Beratung und Pflege stellen die drei Teilbereiche der Sozialen Dienste in Österreich dar und sind dem Dritten Sektor[1] zuzuordnen (Dimmel & Schmid 2013). Die Grenzen zu den fachverwandten Berufsgebieten verschwimmen im Alltag. Soziale Dienste im weiteren Sinn ermächtigen ihre KlientInnen,[2] lösen soziale Probleme, entlasten soziale Systeme und reduzieren soziale Folgekosten (ebd.). Insofern muss von *social profit*, nicht von *non-profit* die Rede sein.

Es findet sich für „Betreuung" keine einheitliche Definition. Der Terminus wird mit verschiedenen Bedeutungen aufgeladen und

---

1 Als Dritter Sektor wird der gesellschaftliche Bereich zwischen Staat, Familie und Markt bezeichnet; er übernimmt Aufgaben und Dienstleistungen im sozialen Bereich (Zimmer 2002). Gerade in Österreich werden im Gegensatz zu anderen westlich-kapitalistischen Staaten viele soziale Dienstleistungen von zivilgesellschaftlichen AkteurInnen, nicht vom Staat angeboten (Dimmel & Schmid 2013).

2 Je nach Tätigkeitsbereich und TrägerInnenorganisation sind die Bezeichnungen Kunde/Kundin, NutzerIn und KlientIn üblich; Kunde/Kundin und NutzerIn wählen mehr oder weniger freiwillig die soziale Dienstleistung, die sie in Anspruch nehmen. Der freiwillige Aspekt soll durch die Wortwahl in den Mittelpunkt gerückt werden. KlientInnen „öffentlicher Armuts- und Sozialpolitik" sind hingegen EmpfängerInnen einer sozialen Dienstleistung, über die sie nicht frei verfügen und wobei sie oft kein Auswahlrecht haben (Dimmel & Schmid 2013: 36). In diesem Buch ist von „KlientInnen" die Rede, da diese Wortwahl durchgehend von den InterviewpartnerInnen gebraucht wird, auf deren Erzählungen die Reportagen beruhen.

verwendet. Im Allgemeinen, so sind sich ExpertInnen einig, kann darunter ein methodisch geplanter Hilfeprozess beschrieben werden, wobei der Beistand des Betreuers/der Betreuerin bei der Bewältigung des Alltags im Mittelpunkt steht. Es sind die kleinen Schritte zu dieser Alltagsbewältigung, die das wichtigste Aufgabengebiet von BetreuerInnen darstellen und den Betreuungsberuf von der Beratung, Sozialarbeit etc. abgrenzen. Betreuungsarbeit zielt auf „die Entwicklung von Fähigkeiten zur Strukturierung des Alltags sowie Selbstversorgung, zu eigenverantwortlicher Lebensplanung und Verantwortungsübernahme, zur Entwicklung und Stabilisierung eines sozialen Netzes“ ab (Dimmel & Schmid 2013: 22), im Bereich der Unterbringung sollen die KlientInnen „wohnen lernen“ (ebd.). Durch das Aufbauen einer vertrauensvollen Beziehung zwischen BetreuerIn und KlientIn werden alltägliche Aufgaben bewältigt. Betreuungsarbeit ist also Beziehungsarbeit und zielt auf die Förderung von Selbstständigkeit im Alltag ab. Betreuung hat eine Strukturierung des Alltags, die Aktivierung der KlientInnen und das Formulieren von möglichen Entwicklungsschritten zum Ziel.

Es gibt keine einheitliche Ausbildung oder klar definierte erforderliche Qualifikationen für BetreuerInnen, und auch die Arbeitsgebiete sind nicht klar umrissen. BetreuerInnen beziehen allerdings mangels einheitlicher Ausbildung oder Berufsschutz ihre gemeinsame berufliche Identität aus den Tätigkeiten, die sie im Berufsalltag ausüben, insbesondere aus den Aufgaben der Alltagsbewältigung, welche das Kernstück ihrer Arbeit darstellen. Es gibt keine vorgeschriebene Ausbildung oder Auswahlkriterien, die jede/r BetreuerIn durchlaufen oder denen er/sie entsprechen muss, um danach im angestrebten Tätigkeitsbereich zu arbeiten. Während sich die Berufsidentität von zum Beispiel SozialarbeiterInnen oder KrankenpflegerInnen klar auf eine gemeinsam absolvierte Ausbildung beziehen kann, ist eine Vielzahl von Professionen im Bereich der Betreuung tätig: als PsychologInnen, SozialwissenschafterInnen, FachsozialbetreuerInnen, PädagogInnen, SozialpädagogInnen und SozialarbeiterInnen, weiters auch als Lebens- und SozialberaterInnen, HeimhelferInnen, psychiatrische KrankenpflegerInnen und QuereinsteigerInnen aus anderen Studienrichtungen bzw. Bereichen. Während SozialarbeiterInnen zunehmend (meist besser bezahlte und angesehenere) Tätigkeiten im Management sozialer Probleme ausüben, sind vorrangig AbsolventInnen anderer Studien oder Ausbildungen oder auch QuereinsteigerInnen mit völlig anderen Hintergründen in den (schlechter bezahlten) Betreuungsberufen tätig. Eine klare Hierarchie zwischen Beratungstätigkeit und Sozialmanagement, das hauptsächlich von SozialarbeiterInnen ausgeübt wird und generell größeres Ansehen hat, und der KlientInnenarbeit, die „an weniger gut ausgebildete und daher billigere Betreuer delegiert" wird (Hofer 2002: 13), hat sich verfestigt. Zu Unrecht, denn die täglichen Aufgaben der Alltagsbewältigung, bei denen BetreuerInnen ihre KlientInnen unterstützen, sowie Deeskalation und Krisenintervention können mindestens genau so fordernd sein, wie das Abklären von Ansprüchen oder Interventionen zur Existenzsicherung.

Sei es die eigene Wohnung eines Klienten/einer Klientin, ein Tageszentrum oder ein Wohnquartier – eine Vielzahl von Aufgaben muss jeden Tag bewältigt werden. Diese Aufgaben werden im Rahmen einer Hausordnung definiert und prägen den Regelbetrieb, der von den BetreuerInnen aufrechterhalten werden muss. Einerseits gibt es Hausregeln, die durchgesetzt werden müssen, andererseits liegt es an den BetreuerInnen, diese den Bedürfnissen der KlientInnen gemäß flexibel zu gestalten. Werden Hausregeln wiederholt gebrochen, sodass der Regelbetrieb gefährdet ist, müssen Sanktionen wie Hausverweis oder Hausverbot ausgesprochen werden.

Zum Aufrechterhalten des Regelbetriebs gehören mehr oder weniger banale Angelegenheiten des Alltags und sehr viel basale Versorgung. Dazu zählen Reinigungstätigkeiten, Grundversorgung durch das Bereitstellen von Kleidung, Essen, Betten, Hygieneartikeln und Informationsmaterialien, das Durchführen von Inventur und Einkauf, Wäschewaschen, Kochen, Wegräumen oder Schlichten. Tätigkeiten, wie das Waschen und Umziehen von KlientInnen oder das Handhaben medizinischer Hilfsmittel wie Stützstrümpfe, Hebelift oder Rollstuhl, fallen an. Vor allem BerufseinsteigerInnen sind oft überrascht oder schockiert, wenn es ans Wickeln von Erwachsenen oder Saubermachen von Menschen, die sich eingekotet haben, geht. Medizinische Erstversorgung und das Leisten von Erster Hilfe bzw. das Hinzuziehen von Einsatzkräften sind bei epileptischen Anfällen, Wunden/Verletzungen, Erkrankungen, unter Umständen auch bei schweren oder ansteckenden Krankheiten wie Scabies oder offener Tuberkulose sowie bei Überdosen nötig. Immer wieder liegt es an den BetreuerInnen, sicherzustellen, dass KlientInnen die nötigen Medikamente einnehmen. BetreuerInnen leisten pflegerische Tätigkeiten, wenn die benötigte Pflegekraft nicht vor Ort ist. Hier verschwimmen die Grenzen zu den Berufen, deren Einsatz eigentlich geboten wäre (Heimhilfe, KrankenpflegerIn), und auch der rechtliche Bereich, welche Handgriffe eigentlich ausgeübt werden dürfen, löst sich in einer Grauzone auf. Weiters gehört es zum Berufsalltag, dass sich BetreuerInnen mit Selbstmordversuchen oder Gewaltausbrüchen konfrontiert sehen. Es liegt in ihrer Verantwortung, abzuschätzen, inwiefern sie die Situation selber unter Kontrolle haben und wann Einsatzkräfte wie Rettung oder Polizei zu verständigen sind. BetreuerInnen begleiten, beraten, verweisen weiter an andere Beratungsstellen, stellen sicher, dass ihre KlientInnen die nötigen Informationen erhalten. Sie kommunizieren mit Angehörigen, Behörden, Freiwilligen und SpenderInnen. Sie koordinieren Aufnahmen neuer KlientInnen, Auszüge, dokumentieren, schreiben Berichte, führen Statistiken. Sind keine SozialarbeiterInnen vorhanden, recherchieren sie häufig Informationen und unterstützen beim Stellen von Anträgen und Abklären von Ansprüchen – wiederum weichen sich die Grenzen zu anderen Professionen auf. Natürlich müssen Konflikte und Streitigkeiten geschlichtet, die Atmosphäre in einer Einrichtung muss beobachtet werden, sodass bestimmte Situationen oder Krisen gar nicht erst entstehen. Präsent und als Ansprechperson wahrnehmbar zu sein, bei Bedarf rasch zu reagieren, hat in jedem Dienst Priorität.

Eine ganze Reihe von Aufgaben also, die im Berufsalltag anfallen können. Vor allem aber müssen BetreuerInnen zuhören, da sein und das herstellen, worauf jede erfolgreiche Betreuungstätigkeit beruht: eine Beziehung zum Klienten/zur Klientin. Während wohl die meisten BerufseinsteigerInnen einen Betreuungsberuf wählen, weil sie sich mittels der Beziehungsarbeit für das Wohl der KlientInnen einsetzen wollen, werden sie zwar häufig durch die im Alltag notwendigen basalen Tätigkeiten der Grundversorgung überrascht, doch letztlich ist es die Beziehungsarbeit, die den Beruf des Betreuers/der BetreuerIn ausmacht. BetreuerInnen haben im Alltag die Gelegenheit, sich für die KlientInnen einzusetzen. Sie geben Hoffnung, Stabilität, Strukturen, Zuwendung, Interesse und Anteilnahme. Die aus dem täglichen Kontakt entstehende Beziehung kann für beide Beteiligten, KlientIn und BetreuerIn, bereichernd und fruchtbar sein. So schätzen viele BetreuerInnen das persönliche Wachsen an den Aufgaben, das Dazulernen aus der Begegnung mit einer anderen Persönlichkeit.

Vielen BetreuerInnen gefällt auch der abwechslungsreiche Alltag, da sich die meisten Dienste je nach Laune und Befindlichkeit der KlientInnen (und auch der BetreuerInnen) unterschiedlich gestalten. Betreuung ermöglicht das Einbringen von Kreativität, Humor und der eigenen Persönlichkeit. BetreuerInnen beziehen viel Anerkennung und Wertschätzung aus der Beziehungsarbeit und den daraus resultierenden Entwicklungen. Diese Beziehung lässt sich nur durch echte Neugierde, Anteilnahme und aufrichtige Wertschätzung aufbauen, die auf Vertrauen beruht und beim Klienten/bei der Klientin im Idealfall Entwicklungsschritte bewirkt (Heiner 2004; Dimmel & Schmid 2013; Pörtner 2014, 2016). Betreuungstätigkeiten, im weiteren Sinne alle sozialen Dienstleistungen, „basieren in besonderer Weise auf Vertrauen, da hier intime, dem persönlichen/familiären Nahbereich zuzuordnende Lebenswelten“ berührt werden (Dimmel & Schmid 2013: 38).

Einen humanistischen Zugang, ausgehend von aufrichtigem Interesse an der Begegnung mit einer anderen Person, sieht die Bezugsbetreuung auch als Möglichkeit, selbst an den beruflichen Aufgaben zu wachsen (Pörtner 2014, 2016). BetreuerInnen gestehen den KlientInnen grundsätzlich zu, dass ihnen Entwicklungspotenzial innewohnt und sie selbst über die Fähigkeit zur Veränderung verfügen (ebd.). Es liegt an den BetreuerInnen, zu erkennen, welche Schritte möglich sind, und diese zu fördern, seien sie noch so scheinbar unbedeutend oder klein. Der Erfolg einer Betreuungssituation lässt sich meist nicht am Normalitätsmodell eines als „erfolgreich“ gewerteten Lebens messen, sondern ist prozess- und beziehungsorientiert. BetreuerInnen handeln entwicklungsoffen und individualistisch, an die Möglichkeiten des Klienten/der Klientin angepasst. Die mögliche Entwicklung oder Betreuung als zielgerichtete Bewegung ist nur im Dialog und unter Einbeziehung der KlientInnen förderbar. Anzuregen, zu animieren und motivieren ist die Aufgabe des Betreuers/der Betreuerin (Heiner 2004). Machbar ist Betreuung also nur, wenn die KlientInnen mitwirken: Ohne ihre *compliance* verliert das interessanteste Betreuungsprojekt an Sinn, und *compliance* lässt sich nur durch die nachhaltige Einbeziehung der KlientInnen herstellen.

Denn Betreuung findet in den intimsten Bereichen der KlientInnen statt: dort, wo sie leben oder wo sie ihren Alltag verbringen. Auch die Probleme, mit denen sich die KlientInnen an die BetreuerInnen wenden, können von großer Intimität oder Bedeutsamkeit für die KlientInnen sein. Einerseits ist eine auf Vertrauen beruhende Beziehung zum Klienten/zur Klientin wichtig, um Entwicklung anregen und unterstützen zu können, andererseits ist professionelle Abgrenzung und eine klare Grenzziehung angesichts „großer Nähe und emotionaler Abhängigkeit“ (Heiner 2004: 106) gefordert. BetreuerInnen müssen also aufrichtiges Interesse an der anderen Person und die Bereitschaft mitbringen, eine zwischenmenschliche Beziehung einzugehen. Gleichzeitig sollen zu große Nähe und Abhängigkeiten verhindert werden, und darüber hinaus müssen BetreuerInnen auch noch auf ihre eigene psychische Gesundheit achten. Gefördert kann diese durch Maßnahmen der Psychohygiene werden, zu denen Supervision, Intervision, Fallbesprechungen, Austausch im Team und wertschätzende KollegInnen sowie eine Anteil nehmende Leitung, die auf Qualitätsmanagement achtet, zählen. Erst dann kann die viel diskutierte Work-Life-Balance erreicht werden. Doch dafür benötigt es qualifiziertes Personal, einen guten Betreuungsschlüssel,[3] finanzielle Mittel für Fortbildung und Supervision und einen Dienstplan, der einen gesunden Schlafrhythmus und genügend Erholungsphasen garantiert.

Tatsächlich werden Mindeststandards in Betreuungsberufen erst seit 2004 durch Kollektivverträge einheitlich geregelt (allen voran zu nennen ist der BAGS-KV,[4] der dem SWÖ-KV[5] vorausging). Der BAGS-KV sowie Kollektivverträge der wichtigsten Social-Profit-Organisationen Österreichs garantierten die Senkung der wöchentlichen Arbeitszeit auf unter 40 Stunden und erschwerten das Arbeiten auf Abruf (Leibetseder & Stelzer-Orthofer 2004). Dimmel & Schmid betonen, dass der BAGS-KV zwar zu einer Umverteilung innerhalb des sozialwirtschaftlichen Bereichs führte, aber „nicht zu einer insgesamt verbesserten Entlohnung im Vergleich zu anderen Branchen“ (Dimmel & Schmid 2013: 153).

BetreuerInnen, die nach Kollektivvertrag der SWÖ oder nach an diesem angelehnten Kollektivverträgen entlohnt werden, können sich im Gegensatz zu jenen, die atypisch in Form von freien Dienstverträgen angestellt sind, jedoch noch glücklich schätzen. Nicht wenige Vereine und Organisationen bieten Betreuung in Form von Besuchs- und Begleitdiensten, für die die BetreuerInnen nur auf Basis von freien Dienstverträgen beschäftigt werden.

3 Der sog. Betreuungsschlüssel gibt die Anzahl der Personen an, für die ein/e BetreuerIn zuständig ist. Zum Beispiel: Bei 1:3 wäre ein/e BetreuerIn für drei KlientInnen zuständig.

4 BAGS – Berufsvereinigung von Arbeitgebern für Gesundheits- und Sozialberufe

5 SWÖ – Sozialwirtschaft Österreich

Das 13. und 14. Monatsgehalt fallen somit ebenso weg wie der Anspruch auf Krankenstand bei voller Bezahlung oder ein verlässliches Einkommen, das nicht darauf basiert, wie viele Stunden man vor Ort war. Auch SpringerInnen, die nur fallweise zum Einsatz kommen, werden häufig nicht regulär angestellt, sondern als freie DienstnehmerInnen entlohnt.

Obwohl der Betreuungsberuf hohe Anforderungen an die BetreuerInnen stellt und die Aufgabenbereiche nicht nur divers, sondern auch nicht klar vorgegeben sind, gestalten sich die strukturellen Rahmenbedingungen schwierig, um nicht zu sagen feindselig. Das Gehalt für BetreuerInnen ist generell niedrig. Viele Vereine und Organisationen haben eigene Kollektivverträge oder orientieren sich am Kollektivvertrag der SWÖ. Hierbei werden BetreuerInnen meistens in der Verwendungsgruppe 6 eingestuft, seltener in der Verwendungsgruppe 7. In besonders wohlwollenden Organisationen ist auch eine Entlohnung nach Verwendungsgruppe 8 möglich. Vielerorts erhalten BetreuerInnen Zuschläge wie die SEG-Zulage[6] sowie weitere Zulagen für Feiertags-, Nacht- oder Wochenenddienste. Die Einkommen im Sozialbereich liegen in Österreich um fast 20 % unter dem Durchschnitt der unselbstständigen Bruttobezüge (Dimmel & Schmid 2013: 153). Nach SWÖ-KV-Verwendungsgruppe 6 würde dies für BerufseinsteigerInnen einen Stundenlohn von etwa 14 Euro brutto bedeuten, bei Verwendungsgruppe 7 knapp über 15 Euro (die meisten Trägerorganisationen bieten bei Berufseinstieg eine Entlohnung in dieser Bandbreite – 14–15 Euro brutto pro Stunde). Besonders wohlwollend ist der Kollektivvertrag für Vereine, wo der Bruttostundenlohn mehr als 17 Euro entspricht, während bei manchen Organisationen oder Vereinen mit eigenem Kollektivvertrag oder gar bei freiem Dienstvertrag auch ein Stundenlohn von nur 11–13 Euro brutto nicht unüblich ist.

6 SEG – Zulage für Schmutz, Erschwernis und Gefahren

Für eine fordernde, vielseitige Tätigkeit, die mit einem hohen Maß an Verantwortung und Zuverlässigkeit ausgeführt werden muss und die hohe Stressresistenz erfordert, bedeuten diese Zahlen also eine im besten Fall dem (unterdurchschnittlich bezahlten) Sozialbereich entsprechende Entlohnung. Unter Umständen sind die Gehälter jedoch dermaßen schlecht, dass sie die DienstnehmerInnen „in die Nähe der sozialen Lage ihrer Klientel" bringen (Dimmel & Schmid 2013: 152).

Wie bei so vielen unterdurchschnittlich oder schlecht bezahlten Berufen ist auch in den Betreuungsberufen die Mehrzahl der Beschäftigten weiblich. Etwa 70 % der Bediensteten im Dritten Sektor in Wien sind Frauen (Anastasiadis et al. 2003). Es gibt keine umfassenden „statistischen Informationen über die Inanspruchnahme aller Sozialen Dienste. Ebenso unscharf sind die vorliegenden Informationen über die Beschäftigungssituation Sozialer Dienste"[7] (Dimmel & Schmid 2013: 27). Grob geschätzt sind 6 % der Erwerbstätigen in Österreich in der Betreuung, Beratung und Pflege tätig (Anastasiadis et al. 2003). Etwa doppelt so viele Personen sind im Sozialbereich ehrenamtlich tätig. Zwischen Ehrenamtlichen bzw. Freiwilligen und Hauptamtlichen kann es zu einem seltsamen Spannungsverhältnis kommen, da angesichts grassierender Unterbesetzung vielerlei Aufgaben auf die Ehrenamtlichen ausgelagert werden. Ehrenamtlichkeit wird also als Lösung von Ressourcenproblemen gehandhabt (Dimmel & Schmid 2013). Besonders Frauen engagieren sich im Sozialbereich ehrenamtlich, wodurch Tätigkeiten, die eigentlich von hauptamtlichen BetreuerInnen ausgeführt werden sollten, wiederum als kostenlose (weibliche) Charity-Arbeit abgewertet werden. Zusammenfassend sei also festgehalten, dass Betreuungsarbeit vorwiegend weiblich und schlecht bezahlt ist.

Nicht nur die mangelnde finanzielle Anerkennung ist belastend. Viele Einrichtungen bieten den KlientInnen Tag und Nacht

7 Eine Tatsache, die mir auch bei Anfragen an verschiedene Gewerkschaften bestätigt wurde. Statistiken zu Betreuungsberufen gibt es nicht bzw. waren mir nicht zugänglich.

Betreuung. Üblich sind „Radl"-Dienste nach dem Prinzip der Schichtarbeit. In den meisten Einrichtungen arbeiten die BetreuerInnen mal im Tagdienst, dann wieder im Nachtdienst. Schlafstörungen, der Verlust eines Soziallebens und physische Erschöpfung sind die Folge. Nur wenige Organisationen bieten Modelle mit Arbeitszeiten, in denen Tag- und Nachtdienst strikt voneinander getrennt werden, was wiederum einen einheitlichen Schlafrhythmus garantiert und einfacher mit dem Familienleben zu vereinbaren ist. Die Dienstzeiten variieren je nach Einrichtung bzw. TrägerInnenorganisation zwischen kurzen Diensten bis zu 8 Stunden, 10 oder 12 Stunden oder gar bis zu 24 Stunden. Während bereits neun-, ja sogar achtstündige Dienste anstrengend sind, sind zwölf Stunden oder gar mehr physisch und psychisch extrem erschöpfend. Viele BetreuerInnen arbeiten dazu ohne Pause, da sie schlicht und einfach die Zeit für eine Pause nicht finden. Auch bei Nachtdiensten, die oft als „schlafende Bereitschaftsdienste" tituliert werden und die dementsprechend sehr gering bezahlt oder pauschal abgegolten werden, schlafen BetreuerInnen einerseits häufig aus Sorge oder Anspannung gar nicht, andererseits ist der „Schlaf" mit dem Bewusstsein, dass man im Notfall jederzeit verfügbar sein muss, alles andere als erholsam.

Wegen der häufigen Wechsel zwischen Tag- und Nachtdienst und der erschöpfenden langen Dienste greifen viele BetreuerInnen zu Sucht- und Rauschmitteln, um zu entspannen oder um den Schlafrhythmus wiederherzustellen, seien es Alkohol, Schlafmittel oder Marihuana. Schlafstörungen, das Unvermögen abzuschalten, Gedankenspiralen, körperliche Erschöpfung und das Gefühl, nur für die Arbeit zu leben, sind Folgeerscheinungen für viele BetreuerInnen.

Extrem belastend ist auch die Unterbesetzung in vielen Einrichtungen. Je nach Trägerorganisation und Zielgruppe gestaltet sich der Betreuungsschlüssel nach gesetzlichen Vorgaben (sofern vorhanden) anders. Nach dem Prinzip der Bezugsbetreuung ist im Bereich der Kinder- und Jugendhilfe oder der Behindertenarbeit bzw. der Betreuung psychisch kranker KlientInnen üblicherweise ein/e BetreuerIn für vier oder fünf KlientInnen, manchmal sogar weniger, zuständig. In der Wohnungslosenhilfe kommen auf einen Betreuer/eine Betreuerin bereits bis zu 20 KlientInnen. In kaum mehr regulierten Bereichen wie der Flüchtlingshilfe kann ein/e BetreuerIn auch 40, 80 oder mehr KlientInnen haben. Dienste im Alltag gestalten sich allerdings so, dass die BetreuerInnen oft allein in einer WG mit zwölf Schwerstbehinderten, allein oder zu zweit in einem Nachtdienst mit 80 oder 180 Obdachlosen oder allein oder zu zweit in einer Flüchtlingseinrichtung mit 300 KlientInnen sind. Dies stellt nicht nur ein Sicherheitsproblem dar (Übergriffe gegen BetreuerInnen gestalten sich schwieriger, wenn mehrere KollegInnen im Dienst sind). Befindet sich ein/e BetreuerIn allein in einem Stockwerk, wo gerade ein medizinischer Notfall passiert, ist niemand zugegen, wenn ein/e andere/r KlientIn eine psychische Krise hat, Feuerwehr oder Polizei gerufen werden muss oder auch nur Spenden vorbeigebracht werden, die entgegengenommen werden müssen.

Die Unterbesetzung ist nicht nur fahrlässig, sondern führt auch dazu, dass sich die diensthabenden BetreuerInnen einer massiven Überbelastung ausgesetzt sehen, denn die Arbeit verringert sich durch die mangelnde Besetzung nicht. Auch bei klarer Prioritätensetzung und einem „Notbetrieb“, in dem nur die wichtigsten Anliegen behandelt werden, sind diese im Alltag zu viel, um nur von ein, zwei oder auch drei BetreuerInnen erledigt zu werden. Den Verantwortlichen ist das Problem der Unterbesetzung meist vertraut. Doch auch wenn in vielen Situationen den BetreuerInnen angesichts der schwierigen Verhältnisse Verständnis ausgesprochen wird, sind sie dennoch mit viel zu vielen KlientInnen und alltäglich anfallenden Aufgaben im Dienst mehr oder weniger alleingelassen. Gleichzeitig fühlen sie den Anspruch des Vereins oder der Organisation (oder auch der KlientInnen selbst) an sich gerichtet, den KlientInnen zu helfen, etwas zu tun, wobei schlicht und einfach die Ressourcen nicht vorhanden sind und die BetreuerInnen somit relativ hilflos zurückbleiben (Heiner 2004). Verständnis allein vonseiten der

Vorgesetzten reicht also nicht. Mehr Ressourcen und MitarbeiterInnen sind gefragt.

Angesichts der hohen Arbeitsbelastung, der schlechten Bezahlung, der geringen Wertschätzung und der Belastung durch die Schichtarbeit ist es nicht verwunderlich, dass die Fluktuation in Betreuungseinrichtungen hoch ist. Ein nicht zu unterschätzendes Problem, das sich aus dieser Dynamik ergibt, ist, dass wenig qualifizierte, weniger geeignete oder unerfahrene BetreuerInnen länger bleiben, als gut qualifizierte, erfahrene. Ist ein Team vorwiegend mit wenig geeigneten BetreuerInnen ausgestattet, führen mangelnde Qualifikationen, fehlende Fähigkeiten, um zu den (schwierigen) KlientInnen Zugang zu finden, und daraus resultierende Frustration und Überforderung zu Spannungen im Team, innerbetrieblichen Konflikten, Mobbing und hoher Burnout-Rate – Faktoren, die wiederum zu hoher Fluktuation führen (Dimmel & Schmid 2013). Häufig bleiben in Einrichtungen über viele Jahre hinweg nicht die geeignetsten, qualifiziertesten MitarbeiterInnen, sondern die abgestumpften, die objektiv über weniger Qualifikationen verfügen und/oder billiger für die ArbeitgeberInnen sind. Dimmel & Schmid sprechen von einem „Billigstbieterprinzip“, das in einem krassen Widerspruch zum Anspruch professioneller, gut qualifizierter Arbeit im sozialen Bereich steht (Dimmel & Schmid 2013: 25). Mobbing und Konflikte im Team, das Fehlen von professioneller Leitung, von Reflexionskultur und von Qualitätssicherung ziehen viel Energie von der Arbeit mit den KlientInnen ab (Heiner 2004). Darüber hinaus stellt Mobbing eine nicht zu unterschätzende Form psychischer Gewalt im Arbeitsalltag dar (Erdemgil-Brandstätter 2009).

Letztlich kommt der Leitung die Verantwortung zu, für ein gutes Betriebsklima zu sorgen. Vielerorts sind aber überforderte Personen als Leitung tätig, die den BetreuerInnen auch nicht die nötige Begleitung oder Anerkennung zukommen lassen, sondern sich lediglich darum sorgen, dass das Projekt irgendwie weiterläuft und von den MitarbeiterInnen so weit wie möglich getragen wird. Anerkennung wird im Berufsleben in erster Linie über das Gehalt ausgedrückt. Fällt die Anerkennung über das Gehalt weg, wie es angesichts der schlechten Bezahlung für BetreuerInnen der Fall ist, bliebe BetreuerInnen noch die Anerkennung, die Vorgesetzte oder KollegInnen geben könnten. Doch da auch diese häufig nicht gewährt wird, bleibt letztlich nur die Anerkennung, die BetreuerInnen von den KlientInnen erhalten: „Die Klienten bestimmen daher die Zufriedenheit bzw. Unzufriedenheit in einem hohen Ausmaß“ (Hofer 2002: 31).

Dies sind die grundlegenden Strukturen, die die meisten Betreuungsberufe prägen. In den folgenden 15 Sozialreportagen sollen nun die ExpertInnen selbst zu Wort kommen und von den herausfordernden, einerseits frustrierenden, andererseits schönen Alltagsrealitäten ihres Berufs erzählen. Den GesprächspartnerInnen wurde überlassen, Themen zu formulieren, die ihrer Meinung nach diskutiert oder enttabuisiert gehören. Die Reportagen sollen gleichsam auch verdeutlichen, was BetreuerInnen an ihrem Beruf schätzen und warum sie ihn trotz allem ausüben. Die InterviewpartnerInnen vertreten die Bereiche der Betreuung von psychisch erkrankten Menschen, Menschen mit Behinderung, Wohnungslosen, Kindern, Jugendlichen, Flüchtlingen und von Frauen, die von Gewalt betroffen sind.[8]

GesprächspartnerInnen für die Interviews zu finden, gestaltete sich schwieriger als erwartet. Einerseits fürchten manche um ihren Job, andererseits möchten andere nicht, dass Kritik an Missständen in bestimmten Einrichtungen letztlich den KlientInnen schadet. Organisationen und Vereine werden namentlich nicht genannt, und die Mehrzahl der InterviewpartnerInnen be-

8 Die Zielgruppen/Problemlagen vermengen oder überschneiden sich teilweise, so sind zum Beispiel viele Wohnungslose auch von Suchterkrankungen betroffen, Menschen mit kognitiver Beeinträchtigung haben manchmal auch eine psychische Erkrankung usw. Die Trennung in einzelne Bereiche ist also nicht vorrangig. Vorrangig ist das Definieren und Diskutieren von Problemen, die im Betreuungsalltag Realität sind.

vorzugt es, anonym zu bleiben.[9] Die InterviewpartnerInnen w ren oder sind im Großraum Wien hauptamtlich als BetreuerI nen tätig, sei es in der mobilen Betreuung im Einzelsetting, vollbetreuten Einrichtungen zur Unterbringung oder in ander Einrichtungen wie Tages- oder Jugendzentren. Es ist mir e besonderes Anliegen, auch einen Praktikanten und einen Zivi diener zu Wort kommen und von ihrem Arbeitsalltag erzähle zu lassen, da die meisten Einrichtungen im Sozialbereich ohn die Mithilfe von Zivildienern und PraktikantInnen nicht au rechtzuerhalten wären.

Die Erfahrungen von BetreuerInnen zeugen von Welten, die der meisten ÖsterreicherInnen fern sind: Armut, Krankheit, Sucht, Hoffnungslosigkeit und Verzweiflung. Die BetreuerInnen, die nun das Wort haben, setzen sich damit auseinander, halten aus und arbeiten Tag für Tag (und auch nachts) dafür, dass sich die Lage ihrer KlientInnen verbessert. Dafür gebühren ihnen nicht nur bessere Arbeitsbedingungen, sondern in erster Hinsicht Respekt und Anerkennung.

9 Anna, Shukria und Gregor möchten mit ihrem echten Namen ge- nannt werden. Alle anderen Namen sind mir bekannt und wurden von mir geändert.

Teil 2:

… in die Praxis

Michaela, Wohnungslosenbetreuung

Schiache nackte Männer

Michaela ist erst Anfang 30, aber ihr Lebenslauf ist beeindruckend. Als studierte Slawistin und ausgebildete Sozialpädagogin war sie in den vergangenen zehn Jahren in verschiedenen Projekten in der Kinder- und Jugendbetreuung, Wohnungslosenhilfe und Flüchtlingshilfe tätig, wobei sie bereits Projekte mit aufgebaut und eine Einrichtung geleitet hat. Dabei ist sie in der Wohnungslosenbetreuung eher zufällig gelandet. Nach Jahren in der Kinder- und Jugendarbeit in Österreich verschlug es sie nach Zentralamerika. Bei der Rückkehr nach Wien fühlte sie sich eher orientierungslos und verloren. 150 Bewerbungen hatte sie damals geschrieben, bis sie sich auch bei einer Notschlafstelle für suchtkranke Wohnungslose bewarb und der Leiter rasch ihr Potenzial erkannte. „Ich glaube, ich hab' nicht so wirklich gewusst, was das ist", meint sie rückblickend. Aber die Stelle nahm sie an. Danach folgten drei Jahre Mitarbeit in verschiedenen Notschlafstellen und in einem Übergangswohnheim für obdachlose Frauen.

Verschiedene Organisationen, von der Caritas über das Wiener Rote Kreuz bis hin zu den Wiener VinziWerken, bieten in Wien Notschlafstellen für Männer, Frauen und Jugendliche an. Im Gegensatz zu Übergangswohnheimen oder langfristigen Wohnprojekten für ehemals Wohnungslose müssen die Nächtigenden zeitig in der Früh aufstehen und die Einrichtung tagsüber wieder verlassen. Den BetreuerInnen kommt also die wenig erfreuliche Aufgabe zu, die KlientInnen aufzuwecken und bei jedem Wetter dafür zu sorgen, dass sie die Einrichtung verlassen. Nach dem Schließen fallen Aufräumtätigkeiten und Dokumentieren an, vor dem Aufsperren wiederum administrative Tätigkeiten, das Vorbereiten der Betten, manchmal von Lebensmitteln oder Essen, das an die KlientInnen ausgegeben wird, und von benötigter Infrastruktur wie Waschmaschinen, Duschen, Kleiderspenden, Hygienemitteln etc.

Obwohl sie damals ganz am Anfang ihrer sozialpädagogischen Ausbildung stand, hatte Michaela schon Erfahrung in Projekten zur Kinder- und Jugendbetreuung gesammelt. „Grundsätzlich ist es egal, was die Zielgruppe ist", meint sie. Voraussetzung ist ohnehin Neugierde an den Lebenswelten der Zielgruppen, „an anderen Lebenskonzepten, Kulturen, Schicksalen und Bräuchen". Michaela kommt auf persönliche Eigenschaften zu sprechen, die ihr den Betreuungsalltag erleichtert haben. Als wichtigste Eigenschaft nennt sie Humor. Es benötigt ein gewisses Maß an Humor und „Schmäh", um mit wohnungslosen KlientInnen umzugehen, seien es alkoholkranke alte Männer oder gerade erst volljährig gewordene junge Leute. Humor war auch für die eigene Psychohygiene nicht unwichtig, denn viele KlientInnen teilten ihre Lebensgeschichten mit Michaela. „Ich war gewillt, mir ihre Geschichten anzuhören und auf sie einzugehen", erzählt sie. Die Bandbreite an Schicksalen, die sie in den verschiedenen Einrichtungen zu hören bekam, fand sie einerseits bewegend, andererseits lehrreich. „Da lernst du mehr als in jedem Buch", meint sie. Die Offenheit und Toleranz für das Gegenüber, die Fähigkeit, den Überblick zu wahren und, wenn nötig, auch schnell zu reagieren, nennt sie als weitere notwendige Voraussetzungen. „Die Balance zwischen Zurückhaltung und Aktion, zwischen: Wo interveniere ich oder wo lasse ich es? … das hast du oder das hast du nicht", meint sie. Studieren oder erlernen kann man diese Eigenschaften nicht. „Klarheit, Offenheit und Ehrlichkeit", zählt sie weitere Eigenschaften auf, die unabdinglich sind. „Die KlientInnen müssen wissen, woran sie sind."

So waren auch KlientInnen, die die damals erst 25-jährige Betreuerin noch nicht kannten, durchaus überrascht, dass sie „auch mal auf den Tisch hauen konnte", sanktionieren konnte, Hausverbote erteilte. „Als 25-Jährige einen alten betrunkenen Mann ins Bett zu schicken, weil Nachtruhe ist, war unangenehm, eine Herausforderung", erinnert sie sich. Mehr als einmal war sie mit „schiachen nackten Männern" konfrontiert, denen sie die Hausregeln auseinandersetzen musste, erzählt sie lachend. Damit meint sie Klienten, die aufgrund einer psychischen Erkrankung auch mal nackt durch die Einrichtung spazierten, oder einen Klienten, den sie mitten in der Nacht schlafend unter der laufenden Dusche vorfand. Sie erinnert sich an Klienten mit Überdosis, „denen die Spritze noch im Arm steckte", oder an einen Klienten, für den sie nach der intravenösen Injektion von Kokain die Rettung rief, wobei ihm die SanitäterInnen das Gegenmittel spritzten und den daraufhin völlig lethargischen jungen Mann ins Bett schleppen mussten. „Schräge Geschichten", fasst sie zusammen.

Michaela unterstreicht den Punkt, dass sie in der Arbeit mit Erwachsenen die Frage nach Verantwortung sehr beschäftigte. „Da hab ich lieber einmal zu viel als zu wenig die Rettung gerufen", erinnert sie sich. Während in der Kinder- und Jugendfürsorge klar definiert ist, dass die BetreuerInnen haftbar und verantwortlich sind, stellte sich bei Volljährigen für Michaela oft die Frage nach den Grenzen der Verantwortung, vor allem bei gerade erst volljährig gewordenen KlientInnen. Michaela erlebte häufig mit, wie junge Erwachsene nach Erreichen der Volljährigkeit aus den betreuten Jugend-WGs der Wiener Kinder- und Jugendhilfe ausziehen mussten und mehr oder weniger sofort in den Notschlafstellen der Wiener Wohnungslosenhilfe landeten. Michaela konnte so hautnah das Versagen des sozialpädagogischen Systems mitverfolgen. „Die Jugendlichen kennen nichts anderes – wenn das eine Betreuungssystem wegbricht, landen sie im nächsten", erklärt sie.

Tatsächlich ist Wohnungslosigkeit unter jungen Erwachsenen ein zunehmendes Problem. In den letzten zehn Jahren haben ExpertInnen einen Anstieg an sehr jungen Obdachlosen beobachtet. Gewalterfahrungen, Suchterkrankungen, Vernachlässigung und Perspektivlosigkeit führen dazu, dass vermehrt junge Menschen auf der Straße landen. Auch Kinder und Jugendliche, die die Armut aus osteuropäischen Ländern nach Wien getrieben hat, landen immer wieder in Kinder- und Jugendnotschlafstellen. Jugendwohnungslosigkeit ist vergleichsweise unsichtbar, da viele Jugendliche oft jahrelang bei Bekannten schlafen, bis sie tatsächlich in Einrichtungen der Wiener Wohnungslosenhilfe aufscheinen (AG Junge Wohnungslose 2013). Auch ist die Anzahl der Wohnungslosen, die unter 26 Jahre alt sind und die in den Beratungsstellen der Wiener Wohnungslosenhilfe andocken, mit 25 % überproportional hoch; tatsächlich an Wohnplätze der Übergangswohnheime vermittelt werden wiederum unterdurchschnittlich wenige, was darauf schließen lässt, dass diese Option für die meisten jungen Menschen tatsächlich nur der letzte Ausweg ist (ebd.).

Der Arbeitsalltag in Notschlafstellen, geprägt von der sozialen und gesundheitlichen Misere der KlientInnen, ließ Michaela natürlich nicht unberührt. Sie hatte Albträume vom Auffinden von KlientInnen mit Überdosis, von der Gefahr von herumliegenden Spritzen. Ihre Träume handelten oft von der Gefahr von Verletzungen oder von ansteckenden Krankheiten wie Hepatitis oder HIV. Michaela führt dies auf die unübersichtlichen, unhygienischen Bedingungen zurück, unter denen sie arbeitete. Sie erwähnt auch die Mängel, was die Zustände der Gebäude betrifft, in denen manche Notschlafstellen untergebracht sind. Etliche von ihnen sind heruntergekommen und abgeschieden gelegen, in jeder Hinsicht desolat. „Berührungsängste darfst' keine haben", fasst sie zusammen. In Berührung bzw. in Kontakt kam sie tatsächlich mit einem sehr diversen Publikum. Zu ihren KlientInnen in den Notschlafstellen gehörten psychisch Kranke, chronisch Kranke, Suchtkranke, sehr alte und sehr junge Menschen, Männer und Frauen, ÖsterreicherInnen, BürgerInnen anderer EU-Staaten und auch IranerInnen oder TschetschenInnen.

In einer Einrichtung nur für Frauen wiederum lernte sie, sich als Betreuerin zurückzunehmen, sich „unsichtbar" zu machen. Sie erkannte in diesem Quartier, dass die Frauen, die hier unterkamen, gern für sich blieben, den Kontakt nur suchten, wenn sie ein Anliegen hatten. „Frauen kommen nur im äußersten Notfall", erzählt Michaela, „wenn sie schon ganz unten sind." Weibliche Obdachlosigkeit ist viel verdeckter als die von Männern, auch versteckter als die von Jugendlichen. Frauen finden sich oft aufgrund ihrer strukturell schlechteren Einkommenssituation wohnungslos wieder, oder wenn sie aus Gewaltbeziehungen ausbrechen. Die Lage obdachloser Frauen ist auch viel schlechter erforscht als die von Männern. Frauen ertragen oft jahrelang Gewaltbeziehungen, um nicht auf der Straße zu landen, oder schlafen, ähnlich den jugendlichen Wohnungslosen, lange Zeit auf der Couch von FreundInnen oder begeben sich in neue Abhängigkeitsverhältnisse, um nicht als obdachlos zu gelten. Zur Scham kommt die Angst vor Gewalt, die sie auf der Straße erfahren können, hinzu (BAWO-a, o. A.). Eigene Einrichtungen für Frauen sind ebenso notwendig wie sicherzustellen, dass Frauen in gemischten Einrichtungen für Männer und Frauen über ausreichend Schutzraum und eigene Betreuerinnen verfügen.

Sowohl bei Männern wie auch bei Frauen thematisiert Michaela Scham als entscheidenden Faktor, warum Wohnungslose bestehende Angebote nicht annehmen. Hinzu kommen der Freiheitsverlust und die Regeln, die eine Notschlafstelle oder ein Wohnheim strukturieren. Viele Menschen möchten auch nicht mit anderen Leuten und der damit einhergehenden Geräuschkulisse, den Konflikten etc. in einem Schlafsaal untergebracht werden. Sie bevorzugen die Privatsphäre eines Zelts oder eines Verschlags.

Die unterschiedlichen Lebensgeschichten und Schicksale, geprägt von Armut, Krankheit und Sucht, interessierten Michaela sehr. „Ich habe mitgelitten", erinnert sie sich, „habe aber grundsätzlich die Schicksale und Erzählungen nicht mit nach Hause genommen." Der „Schutzschild", von dem sie erzählt, brach nur zusammen, wenn sie besonders wenig Freizeit hatte oder besonders arge Schicksale mitverfolgte. Die Nachtdienste an sich störten sie in jungen Jahren nicht. Psychisch belastend wurden sie nur in den Wintermonaten, in denen sie aufgrund des Schlafrhythmus kaum mehr Tageslicht zu sehen bekam und dem Schlafen untertags eine regelrechte Desorientierung beim Aufwachen folgte. In manchen Einrichtungen, in denen sie arbeitete, waren Dienste bis zu 16 Stunden üblich. Auch Unterbesetzung war meistens ein Thema. In einer Notschlafstelle war sie bei 80 (aufgrund von Suchterkrankungen besonders schwierigen) KlientInnen zu zweit im Dienst, wobei eine/r der diensthabenden MitarbeiterInnen „schlafenden Bereitschaftsdienst“ hatte und die MitarbeiterInnen häufig BerufseinsteigerInnen oder (unerfahrene) StudentInnen waren. „Zu wenig Betten, zu wenig BetreuerInnen, zu wenig Ressourcen“, fasst Michaela die Arbeitsbedingungen zusammen, obwohl ihr klar ist, dass Österreich im internationalen Vergleich immer noch gut ausgestattet ist. Dennoch: „Die, die entscheiden, haben keine Ahnung“, meint sie, was zu Frustration bei den MitarbeiterInnen und den KlientInnen führt.

Michaela hat später auch Erfahrungen in Beratungsstellen gesammelt und sich klar dafür entschieden, in der Betreuung zu bleiben, unabhängig von der Zielgruppe. Sie schätzt die sehr persönlichen Erfahrungen, die das Teilhaben an Lebensgeschichten marginalisierter Menschen mit sich bringt. „Betreuung ist dynamisch und lebhaft, Improvisation. Jeder Tag ist anders.“ Es entspricht ihrer Persönlichkeit, aktiver zu sein „als nur im Büro Anträge zu schreiben“. Als Betreuerin sucht sie aktiv den Kontakt zu hilfesuchenden Menschen, anstatt im Büro darauf zu warten, aufgesucht zu werden. „Betreuung ist Alltagsbewältigung“, fasst Michaela zusammen, „je einfacher und klarer, desto besser.“

Claudia, Betreuung von Menschen mit psychischer Erkrankung

Die Grenzgängerin

Menschen mit psychiatrischer Diagnose haben in Wien je nach Grad der Selbstständigkeit die Möglichkeit, in vollbetreuten Wohngemeinschaften, teilbetreut in eigenen Wohneinheiten oder in sozialpsychiatrischen teilbetreuten Wohngemeinschaften zu leben. Verschiedene Vereine und Organisationen bieten Betreuung in diesen Wohnformen an. Die meisten haben im Konzept das Prinzip „So viel wie nötig, so wenig wie möglich" festgeschrieben: Der Fokus soll auf eine selbstständige Lebensweise der KlientInnen und auf Eigengestaltung des Alltags gelegt werden. Bei teilbetreutem Wohnen bedeutet dies, dass Menschen mit psychischer Erkrankung und/oder kognitiver Beeinträchtigung in ihren eigenen Wohnungen mobil betreut werden. Je nach Konzept des Vereins oder nach den Bedürfnissen der KlientInnen kommen BetreuerInnen zu unterschiedlich langen Diensten in die Wohnung der KlientInnen, um ihnen lebens- und alltagspraktische Unterstützung zu garantieren. Dies bedeutet in erster Linie Unterstützung bei der Haushaltsführung, Begleitungen im öffentlichen Raum, das Koordinieren von Terminen und die Zusammenarbeit mit Angehörigen, ErwachsenenvertreterInnen, PsychiaterInnen, ÄrztInnen etc. Hinzu kommen Freizeitgestaltung, Unterstützung bei der Arbeitssuche, Krisenintervention und das Stärken von sozialen Kontakten. Meistens sind die KlientInnen nachts allein. Manche arbeiten tagsüber oder besuchen Werkstätten. Die BetreuerInnen, die sie stundenweise im Besuchsdienst unterstützen, sollen sicherstellen, dass sie möglichst gut in ihren eigenen Wohnungen zurechtkommen.

Claudia ist Mitte 30, Kultur- und Sozialanthropologin und hat vor etwa zehn Jahren bei einem solchen Verein, der Personen mit psychischen Erkrankungen und kognitiven Beeinträchtigungen mobil betreut, den Einstieg in den Sozialbereich gefunden. Für StudentInnen bietet eine solche Stelle Vorteile: Die Besuchsdienste sind nur zwei bis drei Stunden lang und konzentrieren sich auf den Nachmittag, nachdem die KlientInnen aus den Tageswerkstätten kommen. Um jeden Klienten bzw. jede Klientin kümmert sich ein Team von drei oder vier BetreuerInnen, die sich die Nachmittagsdienste untereinander aufteilen. An den Wochenenden sind die Dienste entsprechend länger, da die KlientInnen nicht in die Werkstatt gehen. Claudia war für zwei KlientInnen zuständig und konnte diese Dienste während des Studiums gut in ihren Alltag integrieren. Die meisten MitarbeiterInnen, die diese Art von Assistenzdiensten machen, sind StudentInnen oder junge Menschen, denen diese Form von kurzen Diensten und die sehr lockere Strukturierung des Betreuungsalltags zusagen.

Es war Claudias erste Berufserfahrung im Sozialbereich. Zum damaligen Zeitpunkt bezahlte der Verein die Besuchsdienste direkt vom Taschengeld der KlientInnen. Geringfügig angestellt wurde sie erst nach mehr als zwei Jahren, als sich ihre Mitarbeit im Verein bereits dem Ende zuneigte. Die BetreuerInnen direkt durch die KlientInnen zu bezahlen, stellt einen arbeitsrechtlichen Graubereich dar, erfahre ich von Claudia. Sie verdiente damit nicht mehr als 10 Euro pro Stunde. Ihre Aufgaben waren neben der Beziehungsgestaltung praktischer Natur.

Die AssistentInnen sind in jedem Fall für die Strukturierung des Alltags und die Lebensführung im Alltag verantwortlich. Claudias Aufgaben waren die Kontrolle der Einnahme der Medikamente, Unterstützung beim Einkaufen und Kochen, Kontrolle der Hygiene in der Wohnung, Unterstützung beim Wäschewaschen und sicherzustellen, dass die KlientInnen ihrer Körperhygiene nachkamen. Das waren die Vorgaben des Vereins, was in den Diensten zu erfolgen hatte. Doch *wie* sie diese Aufgaben erfüllen, die KlientInnen motivieren sollte, musste sie selbst ausloten. Auch alles Weitere, was Begleitungen, Freizeitgestaltung oder Gesprächsführung und Beziehungsarbeit mit den KlientInnen betraf, blieb Claudia selbst überlassen. Eine große Selbstständigkeit, die die Arbeit ermöglichte und auch erforderte. „Ich konnte einbringen, was meine Persönlichkeit zugelassen hat", meint sie. Als einfühlsame, aufrichtig an den Lebenswelten ihrer KlientInnen interessierte Person begab sie sich gern in Kontakt mit ihrem Gegenüber. Die wenigen Strukturen und das lockere Arbeitsumfeld ließen die Berufseinsteigerin jedoch auch klarere Linien vermissen, nach denen sie sich richten konnte. Die Freiheit, die Beziehung zu den KlientInnen rein durch ihre eigenen Fähigkeiten und ihre Persönlichkeit zu gestalten, genoss sie zwar, doch waren die zweieinhalb Jahre, die sie mit ihren beiden KlientInnen verbrachte, auch von Selbstzweifel und Selbstkritik, hervorgerufen durch Unsicherheit und das Gefühl, als Betreuerin völlig auf sich allein gestellt zu arbeiten, geprägt.

„Mein Arbeitsort war dort, wo die Klienten wohnen", erzählt sie. Mehrmals wöchentlich begab sie sich also in die Wohnung, also in die Intimsphäre ihrer beiden KlientInnen. Verbrachte Zeit mit ihnen, plauderte mit ihnen, begleitete sie zur Post, Trafik oder zum Einkaufen, animierte sie zum Abwaschen des Geschirrs, Duschen oder Kochen – das Verhältnis zu den KlientInnen wurde schnell freundschaftlich. Claudia thematisiert die verschwimmenden Grenzen zwischen Arbeitshaltung und privatem Verhalten – schon allein aufgrund der Tatsache, dass ihr Arbeitsort das Zuhause einer anderen Person war. „Es geht um die Begegnung mit einer anderen Persönlichkeit und das Einbringen der eigenen Persönlichkeit", erinnert sie sich, wobei natürlich Sympathie und Anteilnahme eine wesentliche Rolle spielen. „Letztendlich bin ich bei ihnen zu Hause rumgehangen und wir haben gequatscht", beschreibt sie einen Teil ihrer Dienste. Eine vertraute, familiäre Atmosphäre als Setting für den Arbeitsalltag – dies erschwerte es, Grenzen zu ziehen, vor allem für eine junge Berufseinsteigerin, der kaum Einschulung und nur wenige Richtlinien geboten wurden. Grenzen ziehen und setzen im Haushalt einer anderen Person – eine tägliche Herausforderung.

Während ein Klient starke freundschaftliche Gefühle für Claudia pflegte und sie sich bewusst war, dass er auch seinen starken Wunsch nach einer Beziehung auf sie projizierte, war eine andere Klientin extrem zurückgezogen. Kommunikation erfolgte hauptsächlich über praktische Aspekte des Alltags, die zu erledigen waren. Claudia empfand die Aufgabe zu erkennen, wie Kommunikation gepflegt bzw. hergestellt werden kann, als sehr spannend. Durch das gemeinsame Tun im Alltag konnte sie Verbindung und Freude herstellen. Sie empfand die Arbeit mit den beiden KlientInnen als positives Miteinander. Dazu gehörten das Kontaktsuchen/-pflegen und das Einbringen einer positiven Stimmung. „Jemanden aufheben und stärken: Was geht? Was lässt der andere zu? Welche Möglichkeiten habe ich? Wo beginnt Lethargie?", durch Fragen dieser Art setzte sich Claudia im Zuge des Jobs mit sich selbst und mit ihrer Eigenwahrnehmung auseinander.

Claudia empfand es als Erfolg, die Entscheidungsprozesse der KlientInnen mitzuerleben, wobei es im sozialpsychiatrischen Setting, so erzählt sie, wenig um das Erreichen offenkundiger Ziele geht, sondern um Erfolge, die im Zuge des Anbietens von Beziehungsqualität erreicht werden können – ein schwer messbarer Erfolg. In einem Fall, erinnert sie sich, wurde ihr das Fruchten der Beziehung zu ihrer Klientin bewusst, da sie sie immer wieder am Neuordnen, Ein- und Ausräumen ihrer Handtasche teilhaben ließ. Für Außenstehende ein völlig unbedeutendes Ereignis, doch für die Klientin eine Beschäftigung, die ihr ausgesprochen wichtig ist. Kleine Details wie dieses erkannte Claudia einerseits als Erfolg ihrer Betreuungsarbeit, andererseits zweifelte sie beständig, ob nicht vielleicht jemand mit einer anderen Persönlichkeit und demnach einer anderen Gestaltung der Beziehung „Besseres", jedenfalls anderes für die KlientInnen erreicht hätte. „Bin ich geeignet? Bin ich professionell genug? Wäre jemand anderes besser, professioneller?" Fragen dieser Art beschäftigten sie oft.

Vor allem bei der Arbeit mit solch fließenden Grenzen zwischen freundschaftlichem Austausch, sozialem Beisammensein, gemeinsamem Tun im Alltag und dem Anspruch, professionell zu arbeiten, hätten Claudia klarere Strukturen oder Anleitungen vonseiten des Vereins geholfen. Besonders am Arbeitsort „Lebens-/Wohnraum einer anderen Person" sind solche klaren Linien besonders für Personen mit wenig Berufserfahrung sehr wichtig. Professionelle Teambesprechungen hätten geholfen, doch der Austausch im Team war eher oberflächlich, Supervision für die Assistenzdienste gab es nicht.

Claudia erkannte in der Zeit, in der sie ihre beiden KlientInnen aufsuchend betreute, dass die teilmobile Betreuung nicht die Art von Arbeit ist, in der sie sich entfalten kann. „Das ist nicht so mein Ding", resümiert sie. Da die kurzen Dienste und die schlechte Bezahlung ohnehin ein längerfristiges Beschäftigungsverhältnis unmöglich machten, wechselte sie letztlich in eine andere Einrichtung im Behindertenbereich. Heute ist sie in einem Beratungsprojekt für junge Frauen tätig, wo sie die Linien und den Austausch vorfindet, die sie sich wünscht. Sinn sieht sie in allen Projekten, die sie kennenlernen konnte, und in allen Stellen, die sie ausfüllte. Doch das Arbeiten mit Selbstzweifeln ist langfristig auch für die eigene Psychohygiene nicht gesund. Insofern ist sie sehr froh, nun in einem klar strukturiert geführten Projekt gelandet zu sein, wo sie sich selbst und ihre Arbeitsweise nicht permanent anzweifeln muss.

Momo, Behindertenbetreuung

In ihrer Welt

Sehr ähnliche Aufgaben hatte Momo, die für einen kleinen Verein in Wien Personen mit körperlicher Behinderung ebenfalls im Zuge von Besuchsdiensten betreute. Der Verein vertritt ein besonders emanzipatorisches Prinzip und hat sich zum Ziel gesetzt, die KlientInnen in ihren Anliegen so weit wie möglich zu bestärken und ihre Entwicklung und Alltagsgestaltung nach ihren Wünschen möglich zu machen. Dies wird durch Beratung, Workshops und Informationsveranstaltungen erreicht. Unabdinglich sind auch AssistentInnen, die die KlientInnen im Alltag unterstützen, begleiten und zu Hause besuchen. Diese Form von Besuchsdiensten hat Momo knapp zwei Jahre lang ausgeübt. Auch in einer Werkstatt für KlientInnen mit kognitiver Beeinträchtigung arbeitete sie. Hier verbrachten die TeilnehmerInnen ihren Arbeitsalltag bei verschiedenen handwerklichen Tätigkeiten.

„Ich habe es geliebt", fasst sie ihre Erfahrungen in der Behindertenarbeit zusammen. Momo beschreibt die Tätigkeiten, die im Alltag anfallen: basale Versorgung wie Waschen, Hilfe auf der Toilette und beim Umziehen, auch Wäschewaschen und Reinigen, Einkaufen, Begleitungen und Freizeitgestaltung. Berührungsängste sind bei solchen Tätigkeiten fehl am Platz. Natürlich war auch Momo geschockt, als sie als Sozialwissenschafterin ohne pflegerische Ausbildung nach nur ein paar Stunden der Einschulung Lifte bedienen, KlientInnen in ihrer persönlichsten Intimsphäre beim Toilettengang säubern oder waschen musste. Wie die meisten BerufseinsteigerInnen erlebte Momo das Waschen oder Säubern fremder nackter Menschen zuerst als große Barriere. Sie erkannte sehr schnell, dass sie in solchen Situationen einfach „einen Schalter umlegte", Entscheidungen treffen und Handgriffe setzen musste, auch wenn diese ihr oder dem Gegenüber unangenehm waren. Durch ihr Handeln war das Gegenüber wieder sauber, trocken und gut versorgt. Durch ihre

Handlungen verbesserte sich die Lage der KlientInnen. Das gab Momo Bestätigung.

Sie lernte damit umzugehen, dass sie von behinderten KlientInnen ohne ihr Einverständnis berührt und angegriffen wurde. Sie lernte, mit den Launen, Ängsten und der Wut der KlientInnen umzugehen. Woran sie sich nicht gewöhnen konnte, war der Ansatz, den sich einige KlientInnen wünschten und den der Verein, bei dem sie arbeitete, auch vertrat: Die BetreuerInnen hatten „unsichtbar zu sein", „wie Luft", nur auf Aufforderung zu handeln. Relativ bald nach ihrem Berufseinstieg wurde ihr aber eine Klientin vermittelt, die sich eine Begleitung wünschte, die eigene Meinungen vertrat, mitdachte und nicht erst auf Aufforderung agierte. Sie legte auf Austausch wert. Hier fand sich Momo am richtigen Ort und konnte sich auf die Beziehung, die aus diesem Kontakt entstand, einlassen. Bei dieser Klientin verblieb sie letztlich etwa zwei Jahre. Wir nennen sie Bianca.

„Es war eine Herausforderung, mit den Standpunkten einer völlig anderen Persönlichkeit umgehen zu lernen", erinnert sie sich. Bianca hatte einen völlig anderen Bildungshintergrund, konträre politische Ansichten und unterschiedliche Charakterzüge. Momo fand es spannend, sich hier anzunähern und auch zu bemerken, dass sie in der Auseinandersetzung Denkanstöße liefern, Veränderungen von verfestigten Ansichten anregen konnte. „Emanzipatorisch hin oder her", erzählt sie, nachdem sie sich aufeinander eingelassen hatten, entstand ein familiärer Umgang, ein freundschaftlicher Kontakt, der auch nach Beendigung des Dienstverhältnisses bis heute anhält. Abgrenzung war, so Momos eigene Einschätzung, nicht gegeben. Ohne Ausbildung oder Schulung, meint Momo, konnte sie sich nur deswegen auf die Arbeit einlassen, weil sie ihre persönliche Lebensgeschichte reflektierte und diese wiederholte. Strukturen erschienen ihr vertraut, weil sie ähnliche Herausforderungen aus privaten Beziehungen kannte. Die Beziehung zu Bianca erinnerte stark an eine Mutter-Tochter-Beziehung. Momo reflektierte ihre eigenen Erfahrungen mit ihrer Mutter. Diese persönlichen Erfahrungen ihrer Biografie konnte Momo nun im Umgang mit ihrem Arbeitsalltag umsetzen und machten sie handlungsfähig, sie ermöglichten ihr in ihrem Berufsalltag Flexibilität und Einsatz, wo sie ansonsten keine Handlungsspielräume erkannt hätte. Momos Erlebnisse machen deutlich, dass im Betreuungsalltag Variablen und Zugänge gefordert sind, die man nur schwer in Lehrgängen oder Ausbildungen lernt. Die persönliche Eignung, die Prägung durch ihre Lebenserfahrungen waren es, die Momo auch zum Umgang mit schwierigen Situationen befähigten und sie Zugang zu Bianca finden ließen.

Neben der familiären Atmosphäre in den Diensten genoss Momo den guten Zusammenhalt im Team, wenn sie auch die Dienste allein gestaltete. Es gefiel ihr, den Alltag anderer Menschen „in ihrer Welt" zu verbringen und mitzugestalten. „Der Film war interessant", erinnert sie sich, sei es der Austausch mit Bianca im Besuchsdienst oder das Eintauchen in die Welt der KlientInnen in der Werkstatt. Sie ließ sich ein auf die Dynamiken und Erlebnisse im Alltag, die Lebenswelten ihrer KlientInnen. Die Anerkennung, die sie erhielt, bestärkte sie: „Ich hab den Job saugut gemacht", resümiert sie, für die KlientInnen war sie bald „unentbehrlich". Momo lernte über sich, dass sie schwer aus der Fassung zu bringen ist („Bist eh g'spritzt?", wurde sie am ersten Tag in der Werkstatt gefragt, wobei der Kollege die Hepatitisimpfungen meinte, die notwendig sind), dass sie Ruhe bewahren kann und es ihr Spaß macht, zu sehen, was in der Auseinandersetzung mit dem Gegenüber geht. Momos Erzählung verdeutlicht, wie dieses Einlassen auf das Gegenüber, das Anregen von Fortschritten durch die Beziehung das Herzstück der Betreuung ist.

Eine der Schwierigkeiten, mit denen Momo umzugehen lernte, war die Grauzone der Tätigkeitsbereiche. Reinigungsarbeiten oder pflegerische Tätigkeiten gehören eigentlich nicht zu den Aufgaben von BetreuerInnen, fallen aber in den meisten Stellen an. Die schlechte Bezahlung für eine fordernde Tätigkeit (bei 20–25 Wochenstunden kam Momo auf etwa 700 Euro), noch dazu bei freiem Dienstvertrag, war letztlich der Auslöser, dass sich Momo nach einer neuen Tätigkeit im Rahmen eines regulär angestellten Dienstverhältnisses umschaute. Doch neben den strukturellen Bedingungen, die eine langfristige Mitarbeit unmöglich machten, nennt Momo auch andere Grenzbereiche, die die Arbeit erschwerten.

Etliche AssistentInnen sehen sich vor allem zu Beginn einer Tätigkeit mit Behinderten, die sich verbal nicht oder kaum artikulieren können, damit konfrontiert, mehr oder weniger eine neue Sprache lernen zu müssen. Momo erinnert sich an einen Klienten, der jaulte oder grunzte, um sich zu verständigen. Sie verstand sehr schnell, was der Klient meinte oder brauchte. Doch bereits in der verbalen Kommunikation fand sie sich in einer anderen Welt wieder, in der sie sich erst zurechtfinden musste. In den ersten Diensten verzweifelte sie fast und fragte sich: „Wie kann man mich zu dem schicken mit null Ausbildung und null Erfahrung?"

Im Umgang mit Kindern, Behinderten und psychisch kranken KlientInnen müssen BetreuerInnen vielleicht mehr als in anderen Betreuungsbereichen mit den Launen und Gefühlslagen der KlientInnen umgehen. Man ist mit Wutausbrüchen, Frustration, Ängsten, Verzweiflung oder einfach schlechter Laune konfrontiert, muss aber dennoch die Handgriffe ausführen, die für das schiere Bestehen im Alltag der KlientInnen nötig sind. Manche KlientInnen entwickeln eine bestimmte Gönnerhaftigkeit, der auch Momo ausgesetzt war: Heute habe sie gut geputzt, versicherte ihr Bianca, obwohl sie sich sehr bewusst war, dass Momo nicht als Reinigungskraft angestellt war. Heute dürfe sie früher gehen, dafür müsse sie halt nächstes Mal ein bisschen länger bleiben, hörte sie mehr als einmal. Diese Form von Willkür und Kontrollausübung (Dienstzeiten werden bewusst festgesetzt und eingeteilt; früher nach Hause geschickt zu werden oder dann wiederum länger bleiben zu müssen, stellt eine Möglichkeit dar, Macht auszuüben, die vielen KlientInnen ansonsten im Alltag fehlt) ist ebenso eine Grenzüberschreitung. Im Behindertenbereich machen BetreuerInnen immer wieder die Erfahrung, dass die KlientInnen aufgrund ihrer Machtlosigkeit, was ihre Situation betrifft, sehr frustriert sind. Dieser Frust kann sich in der Form entladen, dass die KlientInnen permanent an den AssistentInnen austesten, wie viel Kontrolle ausgeübt werden kann und welche Form der Macht die KlientInnen als ArbeitgeberInnen haben. Der Graubereich für die AssistentInnen ist wiederum, auszuloten, wie viel sie sich gefallen lassen, wo sie mitspielen und was ihre Grenzen sprengt.

Ebenso ist die Auseinandersetzung mit intimen Gefühlen und der Körperlichkeit von KlientInnen ein Grenzbereich. Momo erlebte einige Male, dass sich männliche Klienten verliebten oder war beim Waschen von Klienten mit deren Sexualität konfrontiert. Wie mit der Erektion eines Klienten umgehen? Natürlich war es Momo unangenehm, sie erkannte jedoch schnell, dass es dem Gegenüber noch viel unangenehmer war. Rasch lernte sie, solche Situationen als normal anzusehen, ignorierte die sexuelle Erregung des Gegenübers, spielte darüber hinweg, beschäftigte sich nicht weiter damit – die einzige Möglichkeit, damit umzugehen, findet Momo. Die Konfrontation mit der sexuellen Erregung oder Verliebtheit eines Klienten sieht sie nicht als grenzüberschreitender an als einen Betrunkenen, „der mich auf einem Kirtag anquatscht oder mir ungefragt die Hand auf die Schulter legt". Der Unterschied ist: Die körperlich oder geistig behinderten Klienten „können nichts dafür". Momo betont, dass ihre persönlichen Grenzen dann überschritten werden, wenn sie in die Lage kommt zu überlegen: Muss ich reagieren? *Wie* muss ich reagieren? Habe ich zu spät reagiert?

Im beruflichen Alltag stellte sich hier tatsächlich rascher ein souveräner Umgang oder eine Routine ein, als in vielen Situationen im Privaten. Die direkte Konfrontation mit Grenzüberschreitungen durch die KlientInnen, seien sie unabsichtlich oder bewusst herbeigeführt, machen Reagieren, bewusstes Nicht-Agieren, Reflektieren und eine bestimmte Souveränität unabdinglich.

Momo bringt die Ruhe mit, die sie für die Arbeit in einer Werkstatt oder in der Auseinandersetzung in der Einzelbetreuung benötigt. Sie hat in ihrer Zeit als Behindertenbetreuerin gelernt, mit verschiedensten Situationen umzugehen, in denen andere Menschen „vielleicht schreiend weglaufen würden", scherzen wir beim Interview. Sie schätzt die Erfahrungen, die sie beim Arbeiten in völlig anderen Welten sammeln konnte, und nahm ihre Arbeit als Möglichkeit wahr, sich selbst und ihre Fähigkeiten besser kennenzulernen. „Sind Sie schreckhaft?", wurde Momo beim Vorstellungsgespräch als Berufseinsteigerin gefragt. Jetzt definitiv nicht mehr.

Avtarpreet, Praktikant, Behindertenbetreuung

Außerirdisch

Nicht nur die Alltagsrealitäten der KlientInnen erscheinen BetreuerInnen vor allem beim Berufseinstieg wie eine andere Welt. Auch BetreuerInnen sind für ihre KlientInnen anfangs fremd, bringen Neues und Unbekanntes in ihr Leben. Avtarpreets Erfahrungen als Praktikant in einer Werkstatt verdeutlichen dieses Heranführen von ganz Neuem an die Lebenswelten der KlientInnen.

Neben Zivildienern sind es PraktikantInnen, die für das Aufrechterhalten des Regelbetriebs in vielen Betreuungseinrichtungen unabdinglich sind. Die meisten WGs, Notquartiere, Werkstätten, Tageszentren oder Wohnheime sind auf die Mitarbeit von PraktikantInnen angewiesen. Im Gegensatz zu freiwilliger oder ehrenamtlicher Mitarbeit hat ein Praktikum eine bestimmte Verbindlichkeit. Ein/e PraktikantIn sagt seine oder ihre Mithilfe im Ausmaß einer vereinbarten Anzahl von Stunden zu. Üblicherweise werden auch die Arbeitsbereiche abgesprochen. Praktika haben offiziell den Ausbildungsaspekt im Vordergrund: PraktikantInnen sollten dazulernen und Kenntnisse erwerben, nicht als Arbeitskraft dienen. Tatsächlich aber kommen PraktikantInnen in vielen Einrichtungen ähnlich wie Zivildiener überall dort zum Einsatz, wo Bedarf herrscht und wofür BetreuerInnen selbst keine Zeit finden. Während die meisten Praktika unbezahlt sind, finden sich auch Organisationen oder Vereine, die die Mitarbeit in Form einer Aufwandsentschädigung abgelten. Gerade bei PraktikantInnen mit Hochschulausbildung ist eigentlich eine Bezahlung und Vollversicherung als Angestellte/r gesetzlich vorgesehen, was aber nur bei den wenigsten Stellen so eingehalten wird. Die meisten Organisationen bieten zumindest eine Haftpflicht- und Unfallversicherung.

Viele BerufseinsteigerInnen, QuereinsteigerInnen oder WiedereinsteigerInnen wählen die Form eines Praktikums, um im angestrebten Bereich Fuß zu fassen oder Erfahrung zu sammeln. Dafür nehmen sie das unbezahlte Arbeiten in Kauf. Im Zuge des freiwilligen Sozialjahrs oder des Integrationsjahrs werden ebenfalls Praktika in Form eines Arbeitstrainings absolviert. Das Absolvieren von Praktika ist derzeit so üblich, dass Studien und Medien von der „Generation Praktikum" sprechen. Kaum ein Lebenslauf kommt mittlerweile ohne ein Praktikum aus, um die gewünschte Erfahrung zu sammeln oder Lücken zu füllen. Die Form des Praktikums ist ein prekäres Beschäftigungsverhältnis, das das Bestehen vieler Projekte garantiert, auch im Sozialbereich. Viele Studienrichtungen und die meisten Ausbildungen im sozialen Bereich setzen Dutzende, manchmal Hunderte Stunden Praktikum voraus.

So auch die Vollzeit-Ausbildung für Berufstätige der Caritas, die im Zuge des Basismoduls in zwei Semestern für die Behindertenbetreuung qualifiziert. Neben dem Besuch der zwei Unterrichtstage pro Woche arbeiten die TeilnehmerInnen mindestens 16 Wochenstunden als PraktikantInnen in einer einschlägigen Einrichtung. Insgesamt benötigen sie 740 Stunden, um nach zwei Semestern das Diplom zur/zum BehindertenbetreuerIn zu erhalten. Der Lehrgang wird neuerdings auch für Personen mit Deutschkenntnissen auf B1-Niveau angeboten, um dem Mangel an Fachkräften entgegenzutreten. Viele MigrantInnen wären an einer qualifizierten Mitarbeit im Sozialbereich interessiert; die sehr guten Deutschkenntnisse, die in den meisten Lehrgängen vorausgesetzt werden, schrecken sie aber von einschlägigen Ausbildungen ab. Der Caritas-Lehrgang will hier die sprachliche Barriere überwinden. Neben Fächern mit betreuungsrelevantem Inhalt wie Berufskunde, Kommunikation oder Erste Hilfe werden auch pflegerische Kenntnisse erworben. Zentral ist aber das Praktikum in einer Einrichtung der Behindertenhilfe.

Avtarpreet kommt aus Indien und lebt seit über 10 Jahren in Wien. Nach vielen Jahren in der Gastronomie entschied er mit 33 Jahren, sich beruflich dem Sozialbereich zuzuwenden. Die Entscheidung traf er wohlüberlegt und bewusst: Er suchte nach einer Ausbildung, die ihn einerseits interessiert und fordert, und für die er sich andererseits persönlich geeignet fühlt. Die Behindertenarbeit fand er ansprechend und spannend, da er ein ruhiges, ausgeglichenes Wesen mitbringt und Fähigkeiten wie Geduld, Empathie und Stressresistenz bereits vielfach als junger Vater unter Beweis gestellt hat. „Ich wollte etwas machen, wo meine Ruhe gefragt ist", erzählt er. Als er von der Ausbildung erfuhr, die für TeilnehmerInnen mit nicht-deutscher Muttersprache maßgeschneidert ist, meldete er sich an. Nur ein Praktikumsplatz, an dem er im Laufe des kommenden Jahres über 700 Stunden absolvieren sollte, fehlte noch. Diesen fand er rasch und unkompliziert in einer Werkstatt in Simmering, in der kognitiv beeinträchtigte Menschen in verschiedenen Gruppen unterschiedliche Tätigkeiten, von Basteln über Reinigung und Haushaltsführung bis hin zu Kochen ausüben. Avtarpreet wurde aufgrund seiner Berufserfahrungen als Koch der Kochgruppe zugeteilt.

Tausende Menschen, die aufgrund ihrer Behinderung am Arbeitsmarkt nicht vermittelt werden können, arbeiten in Werkstätten, wo sie allerdings keinen Lohn erhalten, sondern nur ein Taschengeld. Die Form des Taschengelds entwertet die Arbeit. „Echten Lohn für echte Arbeit" fordern manche BehindertenvertreterInnen. KritikerInnen bemängeln auch, dass Millionen von Euros in Werkstätten investiert werden, wo Menschen mit Behinderung in eigentlich ausbeuterischen Verhältnissen arbeiten, anstatt dass diese Gelder für echte Inklusion von Behinderten am Arbeitsmarkt zur Verfügung gestellt werden (Fasching 2014). Wie dem auch sei, im Alltag stellen diese Werkstätten einen Fixpunkt für die TeilnehmerInnen dar und sorgen für Struktur im Tagesablauf. In manchen Werkstätten führen sie monotone Tätigkeiten, zum Beispiel das Zusammenstecken von Teilen, das Einfüllen oder Einschlichten von Artikeln u. Ä. aus, während sie in anderen Werkstätten mit engagierten BetreuerInnen lebensnahe Fertigkeiten praktizieren oder kreativ Gegenstände schaffen. Avtarpreet hatte Glück und landete in einer

Werkstatt, die eher zweiterem Modell entsprach. Zum Zeitpunkt des Gesprächs stand er kurz vor Abschluss des Praktikums.

„Ich hatte mich sehr viel informiert, in Gesprächen mit erfahrenen BetreuerInnen und im Internet, was ich in der Behindertenarbeit zu erwarten habe", erinnert er sich. Seine Grundhaltung, den KlientInnen mit denselben Eigenschaften entgegenzutreten wie seinem kleinen Sohn, erwies sich in den ersten Arbeitswochen als erfolgreich. „Es ist ein Spagat, Menschen wie einem Kind zu begegnen, weil ihr intellektuelles Fassungsvermögen auf dem Niveau von Vier- oder Siebenjährigen ist. Andererseits sind es erwachsene Menschen, und wir müssen ihre Entscheidungen respektieren und fördern", erzählt er.

In Avtarpreets Kochgruppe gibt es sieben KlientInnen, für die ein/e BetreuerIn und ein/e PraktikantIn zuständig sind. Neben der Assistenz des Betreuungsteams gehören das Erstellen eines Menüplans, das Sauberhalten des Arbeitsplatzes, das Vorbereiten von Lebensmitteln, Inventur und Einkauf und das Anleiten der KlientInnen zu Avtarpreets Aufgaben. Die Betreuerin, die die Kochgruppe leitet, legt großen Wert auf gesunde, frische Ernährung, sodass sie viele Wochenstunden mit der Arbeit am Ernährungsplan und dem Erstellen des Kochplans verbringt. Umso wichtiger ist es, dass ihr ein/e PraktikantIn zur Seite steht, um im Alltag mitzuhelfen.

Avtarpreet fand sich bereits am zweiten Arbeitstag in der Situation wieder, dass seine Anleiterin nicht vor Ort war und er allein den Dienst bestreiten musste. Dabei kam ihm die Neugierde der KlientInnen zugute. „Die Leute freuen sich, wenn jemand Neuer da ist. Sie sind neugierig und wollen dich kennenlernen", erinnert er sich. Avtarpreet erkannte schnell, dass er in der Werkstatt die Rolle des Exoten einnahm. Er trägt einen für Sikhs üblichen Bart, einen Turban, sieht „anders aus als ein Durchschnittsösterreicher", spricht anders Deutsch. Für die KlientInnen, die tagein, tagaus dieselben Gesichter sehen, eine große Abwechslung. „Ich bin wie ein Außerirdischer für sie", lacht er. Avtarpreet erinnert sich, dass er sich auf den Küchenbetrieb konzentrieren konnte und gleichzeitig die KlientInnen wie von selbst kennenlernte, weil sie auf ihn zukamen. Bis heute schätzt er die Neugierde und Aufgeschlossenheit der KlientInnen.

Schwierigkeiten bereitete ihm anfangs die Sprache: Manche Behinderten sind schwer zu verstehen, und der BetreuerInnen-Jargon war Avtarpreet fremd. Andererseits kannten die KlientInnen das Konzept „Praktikant" bereits. Avtarpreet empfand es in den ersten Monaten als Herausforderung, einerseits als vollwertiges Mitglied des Teams mitzuarbeiten und Aufgaben zu übernehmen, die die KollegInnen ihm zuteilten, und gleichzeitig nicht über die Autorität eines Betreuers den KlientInnen gegenüber zu verfügen. Vor allem, wenn er allein im Dienst war, war es schwierig, sich manchen KlientInnen gegenüber durchzusetzen: Testete ein/e KlientIn seine Grenzen und weigerte sich mitzumachen, erfolgte eine Kettenreaktion und immer mehr KlientInnen verweigerten die Teilnahme. Um rechtzeitig das Mittagessen für alle zubereiten zu können, mussten die übernommenen Aufgaben aber zeitgerecht erledigt werden. „Struktur und Regeln sind für die Klienten besonders wichtig", erzählt Avtarpreet. Insofern musste er rasch lernen, sich durchzusetzen und die Abläufe zu garantieren. Wieder betont er, dass seine Erfahrungen als Vater hier hilfreich waren.

„Der Einstieg war harte Arbeit", meint er. Mehr, als die KlientInnen kennenzulernen und von ihnen angenommen und akzeptiert zu werden, waren das Ankommen im Team, das Erlernen der Abläufe, das Mithalten auf sprachlicher Ebene Herausforderungen. Hilfreich war, dass sich Avtarpreet in der Küche sofort zurechtfand und sich voll und ganz auf alle anderen Herausforderungen konzentrieren konnte. Team und Leitung, betont er, waren und sind aber jederzeit für ihn da und nehmen ihm alle Sorgen und Zweifel. Nach der Eingewöhnungsphase, dem Einfinden im Team und dem Vertrautwerden mit dem Alltag in einer Werkstatt fühlte sich Avtarpreet letztlich sehr wohl an seinem Arbeitsort.

In den ersten Monaten lernte Avtarpreet rasch, was den KlientInnen besonders wichtig ist, weswegen sie mehr oder weniger zuverlässig ihre Aufgaben in der Werkstatt erledigen und warum sie gerne das Gespräch oder den Kontakt zu den BetreuerInnen und PraktikantInnen suchen: „Sie wollen ein bisschen Zuwendung, Lob und Anerkennung“, erzählt er. Dafür sind sie bereit zu manipulieren, anzuecken, um Aufmerksamkeit auf sich zu ziehen, oder einfach mitzutun. Über die anfänglichen Unsicherheiten hinausgewachsen, schenkt er den KlientInnen je nach erforderlichem Ausmaß ein Lächeln, ein anerkennendes Wort, Lob, ein Schulterklopfen. „Die Klienten kommen sehr gern her“, lächelt er. Auch er selbst kommt gern in die Werkstatt. Er schätzt das professionelle Team und die KollegInnen, die ihm auf sehr wertschätzende Weise stets kommunizieren, was er gut macht, worin ihm ein Fehler unterlaufen ist oder was man anders machen könnte. Er kann sich kreativ einbringen. Er schätzt den Austausch und die Besprechungen. Jeder Arbeitstag endet mit einer Nachbesprechung und ermöglicht ihm, unbelastet nach Hause zu gehen. An Teambesprechungen und Supervision muss bzw. kann er als Praktikant nicht teilnehmen. Die Stellung als Praktikant dient ihm auch als Abgrenzung: Letztlich hat nicht er, sondern das Team der Hauptamtlichen die Letztverantwortung.

Avtarpreet mag seine Arbeit, er hofft, auch in Zukunft eine ähnliche Stelle zu finden. Er weiß, dass er mit seinen gut qualifizierten, erfahrenen KollegInnen, die sich auf persönlicher Ebene sehr korrekt und kollegial verhalten, großes Glück hat. Ihm gefällt die Abwechslung des Berufsalltags. „Jeder Tag ist anders“, meint er. Je nachdem, wie die Laune der KlientInnen, aber auch der BetreuerInnen ist, gestaltet sich das Tagesgeschehen anders. Am wichtigsten ist ihm der Rückhalt im Team, welcher dafür sorgt, dass auch schwierige Situationen tragbar sind. „Ich mag den Job sehr, weil ich helfen kann und hier wichtig bin. Ich sehe, dass ich gebraucht werde und den Klienten geben kann, was sie brauchen“, erzählt er. Avtarpreets Bericht verdeutlicht, wie wichtig das gute Klima im Team für den Arbeitsalltag ist. Die entspannte, respektvolle Atmosphäre lässt KlientInnen sowie MitarbeiterInnen gerne herkommen. Das Gelingen, der Erfolg der Einrichtung beruht auf den motivierten, sich gegenseitig stützenden BetreuerInnen und den engagierten PraktikantInnen wie Avtarpreet, ohne die der Alltag nicht zu meistern wäre.

Shukria, Kinderbetreuung

Stolz

Die Mehrheit der Personen, die sich für einen Sozialberuf in Pflege oder Betreuung entscheiden, sind Frauen: Sie machen circa 70 % der Beschäftigten im Dritten Sektor aus (Anastasiadis et al. 2003). Viele darunter sind Migrantinnen. Sogenannte Frauenberufe sind es, die mit niedriger Bezahlung und niedrigem Ansehen zu kämpfen haben, was die Stellen wiederum für Männer unattraktiv macht. Shukria ist erst 20 Jahre alt, hat aber bereits mehrere Jahre an ehrenamtlicher und hauptamtlicher Berufserfahrung im Sozialbereich. Sie ist Frau und Migrantin. Sie hat sich zu einer Tätigkeit in der Kinderbetreuung entschieden und ist stolz auf ihren Beruf. Shukria ist es wichtig, hier mit ihrem richtigen Namen genannt werden. Beim Gespräch sind ihr der Stolz auf ihren Lebensweg und auf ihre Lebensweise genauso wie die Freude, mit der sie ihren Beruf ausübt, anzusehen.

Shukria ist im Alter von zwölf Jahren nach Österreich gekommen. 1999 in Kabul in eine liberale Familie mit hohem gesellschaftlichen Ansehen geboren, wurde sie mit sechs Jahren entführt, als sie auf dem Schulweg war. Entführungen durch Banditen sind in Afghanistan eine beliebte Weise, um Familien einzuschüchtern oder Lösegeld zu erpressen. Shukria wurde nach zwei Tagen wieder freigelassen, hatte danach jedoch dermaßen Angst, das Haus zu verlassen, dass sie die kommenden drei Jahre zu Hause blieb. Da auch ihre Geschwister Opfer von Entführungen wurden, beschlossen die Eltern, das Land zu verlassen. Da war Shukria neun Jahre alt. Drei Jahre auf der Flucht folgten, bis Shukria als Zwölfjährige mit ihren beiden kleinen Brüdern Wien erreichte. Die Eltern konnten erst zwei Jahre später aus Griechenland nachkommen. Den Balkan hatte das Mädchen mit den kleinen Brüdern allein überquert, und zurechtfinden musste sie sich in Österreich zunächst auch allein.

Am ersten Tag in der nächstgelegenen Neuen Mittelschule, in die sie nun gehen sollte, verstand sie kein Wort Deutsch. Ihre Schulerfahrung betrug sechs Monate Volksschule in Afghanistan, sie konnte auch auf Farsi weder lesen noch schreiben. Das lateinische Alphabet, erzählt Shukria, „hat für mich ausgeschaut wie ein EKG". Unterstützung beim Deutschlernen erhielt sie weder von den LehrerInnen noch von sonst jemandem. „Ich bin zum Direktor gegangen und habe gesagt, ich möchte einen Deutschkurs haben", erinnert sie sich. Deutschkurse oder Förderunterricht gab es aber in der Schule nicht. Also brachte sich Shukria die Sprache selber bei. Jeden Abend wiederholte sie gemeinsam mit ihren kleinen Brüdern gehörte Worte, die sie auf dem Handy aufnahmen und immer wieder nachsprachen. Nach sechs Monaten konnte sie fließend Deutsch.

Nach Ende der Schulpflicht wusste sie nicht, was sie weiter tun sollte. Sie hatte in der Schule nur gelernt, dass man in Österreich Matura oder Lehre machen kann. Beide Möglichkeiten standen ihr nach den paar Semestern der Schulbildung, die sie nun durchlaufen hatte, nicht offen. Das letzte Zeugnis in der Schulpflicht fiel nicht positiv aus. Zu viel war noch nachzuholen. Durch Zufall fand sie einen Aushang des Vereins Interface, wo Flüchtlinge in Bildungsfragen beraten werden. Sie wurde an die VHS vermittelt, wo sie einen Basisbildungskurs machte. „Mädchen können Friseurinnen werden", wusste sie nun. Also arrangierte sie sich mit der Idee, zuerst den Pflichtschulabschluss nachzuholen und dann vermutlich eine Lehre zur Friseurin zu machen. Zu dieser Zeit, Shukria war 15 Jahre alt, begleitete sie einen Bekannten zu einer Sozialberatungsstelle für Flüchtlinge, wo der zuständige Sozialarbeiter auf ihre guten Deutschkenntnisse und ihr aufgeschlossenes Wesen aufmerksam wurde. Er bot ihr an, ehrenamtlich in der Beratungsstelle zu übersetzen. Dies war für Shukria der Einstieg in den Sozialbereich.

Es folgten Jahre der ehrenamtlichen Mitarbeit in verschiedenen Flüchtlingsprojekten, während sie einen Pflichtschulabschlusskurs absolvierte. BetreuerInnen und BeraterInnen in den verschiedenen Projekten, wo sie mithalf, schätzten ihre Fähigkeiten. Hier wurde sie als junge Frau ernst genommen, die extrem motiviert versuchte, Berufserfahrung zu sammeln. Dies änderte ihr Selbstbild und stärkte ihr Selbstbewusstsein. Sie erkannte, dass sie nicht nur Friseurin werden konnte, sondern dass ihr auch andere Berufe offenstanden. Der neu gefundene Freundeskreis, bestehend aus BetreuerInnen und BeraterInnen, förderte und beriet sie, wo nur möglich. Der Sozialbereich erweckte ihr Interesse als berufliche Zukunftsoption.

Shukria erinnert sich, dass sie zu Beginn ihrer ehrenamtlichen Dolmetschtätigkeiten Schwierigkeiten mit Landsleuten hatte. Sie schminkt sich gern und kleidet sich sehr „westlich". Männer fragten im Gespräch nach ihrer Telefonnummer, Frauen wollten sie zurechtweisen, ihr vorschreiben, wie sie sich anziehen und geben sollte. „Ich habe gelernt, mich durchzusetzen und ganz klar und knapp nein zu sagen. Sorry, Tante, ich habe schon Eltern", antwortete sie den Frauen, die sie belehren wollten. Nein sagte sie zu aufdringlichen Männern. Sie half in Flüchtlingsquartieren ehrenamtlich den BetreuerInnen und lernte sehr schnell, vor größeren Gruppen Männern, die deutlich älter waren als sie, aufzutreten. Je mehr sie lernte, desto klarer wurde für sie, dass sie im Sozialbereich arbeiten wollte. „Ich wurde durch meine KollegInnen bestärkt, dass ich meine Sache gut machte."

Nachdem Shukria endlich den Pflichtschulabschluss in der Tasche hatte, ergab sich bald die erste hauptamtliche Stelle in der Kinderbetreuung in einem Frauenbildungsprojekt. Hier waren ihre Erfahrungen in Flüchtlingsprojekten und ihre Sprachkenntnisse gefragt. Shukria ging unvoreingenommen auf die Stelle zu, sie hatte keine besonderen Erwartungen oder Vorstellungen von der Arbeit mit Kindern. Sie hatte jede Menge Erfahrung darin, für ihre kleinen Geschwister zu sorgen, und brachte grundsätzlich das Interesse an der Betreuungsarbeit, eine Offenheit für ihre neue Stelle mit. Sie erkannte sehr schnell, dass ihr die Arbeit großen Spaß machte und bekam durchwegs positives Feedback von den KollegInnen. Was sie intuitiv gut machte, reflektiert sie auch: „Ich möchte den Kindern geben, was ich als Kind nie hatte“, erzählt sie: Sicherheit, Spaß, Freude, Spielen. Anfangs war die Elternarbeit schwierig. Wieder waren die Mütter misstrauisch ob ihres Make-ups, der westlichen Kleidung. Shukria realisierte, dass sie ihnen Raum und Zeit lassen musste, um Vertrauen aufzubauen. Und tatsächlich, nachdem sich die Mütter über Monate vergewissert hatten, dass ihre Kinder bei Shukria gut betreut waren, funktionierte die Zusammenarbeit mit den Müttern auch sehr gut.

Umso schockierender war es für sie, nach nicht einmal einem Jahr entlassen zu werden. Plötzlich wurde für die Kinderbetreuung von den ArbeitgeberInnen eine abgeschlossene Ausbildung, ein Diplom verlangt. Shukria hatte nur den Pflichtschulabschluss. Das Trauma der Kündigung schmerzt sie bis heute. Sie hatte sich sehr auf die Stelle und die KlientInnen eingelassen, war mit ganzem Herzen bei der Sache gewesen. Es war bitter für sie zu lernen, dass unqualifizierte Arbeitskräfte in Österreich sehr leicht auszutauschen sind.

Sofort bemühte sich Shukria bei AMS und WAFF[1] um eine Ausbildung im Bereich der Kinderbetreuung. Nie zuvor hatte sie beim AMS auch nur einen Deutschkurs bekommen. Umso mehr freute sie sich, dass sie nun die Ausbildung zur Kindergruppenbetreuerin gefördert bekam. Nebenbei jobbte sie bei Großevents für Kinder und als Babysitterin weiter. Hier lernte sie die Arbeitsbedingungen kennen, die KinderbetreuerInnen in Privathaushalten häufig ausgesetzt sind: Öfters wurde ihr weniger bezahlt als abgemacht, ihre Dienste waren länger als vereinbart, sie wurde nur für 20 Stunden angestellt, arbeitete aber weit über 40. Die Aufgaben mussten immer neu verhandelt werden, sie musste stets nachrechnen, ob ihr auch alle Überstunden ausgezahlt wurden.

1 WAFF – Wiener ArbeitnehmerInnenförderungsfonds. Spezifische Förderungen, die beim WAFF beantragt werden können, helfen bei der Finanzierung von Aus- und Weiterbildungen.

Als Afghanin stellen ihr österreichische Eltern, österreichische ArbeitgeberInnen unangebrachte Fragen, immer wieder erfährt sie Rassismus. Ihre Lebensgeschichte als „Exotin" zu erklären, ist für sie Normalität geworden. Sowohl AfghanInnen als auch ÖsterreicherInnen fragen sie, warum sie mit 20 schon so viel arbeitet. Arbeit ist eine Möglichkeit für Shukria, mit den Erlebnissen vor und auf der Flucht umzugehen. Sie hält sich gern beschäftigt, hat unglaublich viel Energie, die sie auch umsetzen will. So rasch wie möglich absolvierte sie ihre Ausbildung, arbeitete nebenbei und machte die benötigten Praktika. Kurz nach Abschluss der Ausbildung wurde ihr eine Stelle in einem Kindergarten zugesichert. Die KollegInnen dort schätzen sie sehr und setzen sie nach ihren Fähigkeiten und Interessen ein.

Shukria bastelt und spielt mit den Kindern, sorgt für gesunde Ernährung und Bewegung im Freien, erkennt, welches Kind mehr Zuwendung braucht, welches Kind sich nicht wohlfühlt, welches Kind sich zurückziehen will oder welches Kind zu Hause Probleme hat. Die Anstellung in einer Einrichtung ist ihr lieber als das Arbeiten als Babysitterin oder als Kinderbetreuerin in Privathaushalten. An der Arbeit in einer Einrichtung schätzt sie, dass „immer viel zu tun ist", den Austausch mit den KollegInnen und die klar definierten Aufgabengebiete. Auf jeden Fall will sich Shukria weiterbilden. Ein Studium ist ihr Traum. Sie weiß, dass sie mit steigender Qualifikation weniger Sorge um ihren Arbeitsplatz haben muss. Bisher war sie hauptsächlich in zeitlich begrenzten Stellen tätig, immer auf der Suche nach der nächsten Arbeitsmöglichkeit. Seit der schmerzlichen Kündigung in ihrem „ersten richtigen Job" hat sie verstanden, dass sie ohne Diplom, ohne Ausbildung jederzeit von Jobverlust betroffen sein kann. Mangelnde Qualifikationen machen ersetzbar, austauschbar.

Arbeiten ist für Shukria eine Möglichkeit, unabhängig und selbstbestimmt zu leben. Sie möchte ihr eigenes Geld verdienen, weder von den Eltern noch vom Sozialamt Geld annehmen. „Ich lebe für mich", wiederholt sie mehrmals. Ihr Lebensweg ist ungewöhnlich, da sie ihn seit Jahren absolut selbst bestimmt und für ihre Entscheidungen keine Erlaubnis einholt. Ihre Familie hat gelernt, das zu respektieren. Vor allem aber ist sie stolz auf sich selbst und freut sich, von ihrer Arbeit zu sprechen. Man sieht ihr die Freude an. Die Arbeit mit Kindern macht ihr Spaß. Langfristig möchte sie vor allem in Frauenprojekten tätig sein und anderen Mädchen und Frauen näherbringen, welche Rechte und Möglichkeiten sie in Österreich haben.

Erik, Behindertenbetreuung

Und täglich grüßt das Murmeltier

Es ist noch Nacht, als Erik aufsteht und sich auf den Weg macht, um in einer sozialpädagogischen Wohngemeinschaft für Schwerbehinderte seinen Frühdienst anzutreten. Erik ist neu in Wien und hat sich aus Interesse am Arbeitsbereich als Hilfskraft für den Frühdienst beworben. Er hat zwar in seinem Herkunftsland ein Universitätsstudium abgeschlossen, jedoch keine Ausbildung und noch keine Erfahrung im Sozialbereich. Also ist die Tätigkeit als Hilfskraft der logische erste Schritt für ihn, um Berufserfahrung zu sammeln. In den nächsten Jahren wird er in verschiedenen Organisationen Frühdienste, Nachtdienste, Wochenenddienste und Besuchsdienste mit körperlich und geistig Schwer- und Schwerstbehinderten machen. Erwachsene zu wickeln, zu waschen, anzuziehen, zu füttern, mit ihnen spazieren oder einkaufen zu gehen und sie bei Hunderten täglich nötigen Handgriffen zu unterstützen, wird seine Aufgabe sein.

„Ich hatte keine konkrete Vorstellung von der Behindertenarbeit", erinnert er sich jetzt, Jahre später. „Ich wollte Menschen helfen und etwas Sinnvolles tun." Er bewarb sich also bei einer großen christlichen Hilfsorganisation und wurde sofort angestellt. Geringfügig, erst nur für die Frühdienste. Das bedeutete Aufstehen um 4.30 Uhr, damit er um 6.30 Uhr für zwei Stunden den Frühdienst begleiten konnte. Bald konnte er auf Wochenend- und Feiertagsdienste wechseln. Hierbei fielen zwar Dienste von zehn Stunden an, doch das war weniger zermürbend, als jeden Morgen für Dienste von nur zwei Stunden durch ganz Wien zu fahren. Stunden aufstocken konnte Erik ohne einschlägiges Diplom nie. Finanziell über Wasser halten konnte er sich nur durch die sogenannten Besuchsdienste, die er extra leistete. Dabei holte er einzelne KlientInnen für Freizeitaktivitäten ab: spazieren gehen, im Park sitzen oder einkaufen gehen. Diese Stunden wurden ihm von den KlientInnen direkt bezahlt, angestellt war er nicht. Jahrelang bedeutete das für Erik, mit etwa

500 Euro monatlich auszukommen. Mitte 20 war das o. k. Es war ihm wichtiger, die Sommer freizubekommen und genug Zeit zum Deutschlernen und Lesen zu haben, als mehr zu arbeiten und auch mehr zu verdienen.

„Schockiert war ich nicht", sagt er, als er sich an seinen Berufseinstieg und die anfallenden Aufgaben zurückerinnert, „eher überrascht." Er war an der Behindertenarbeit interessiert gewesen, weil er den KlientInnen in ihren schwierigen Lebenslagen Würde vermitteln wollte. In der WG erkannte er bald, dass sein Job wenig mit Würde zu tun hatte. „Alles war aufs Notwendigste reduziert." Hatte sich jemand eingekotet, duschte er ihn. Benötigte die WG Fleisch zum Kochen, ging er in den Supermarkt. Wurde ein Klient abgeholt, um rauszugehen, half er beim Schuhanziehen. Kleine Handgriffe, basale Tätigkeiten. Zuerst war es gewöhnungsbedürftig, was das Wickeln Erwachsener, den Umgang mit ihren Ausscheidungen, mit dem Menstruationsblut von Klientinnen, mit den Erektionen von Klienten betraf. Erik brauchte nicht lange, um sich darauf einzustellen. Nach ein paar Wochen hatte er sich eingewöhnt, erachtete den Umgang mit Körperfunktionen und der Körperlichkeit seiner KlientInnen als normal und natürlich. Hätte er sich daran gestört, hätte er den Job nicht machen können. Trotzdem war er überrascht, wie elementar die Arbeit mit den KlientInnen war und wie oft sie die Grenze zum Pflegebereich überschritt.

Woran er sich nie gewöhnen konnte, waren die Wiederholungen der Tätigkeiten. Tagein, tagaus tat er dasselbe, jeder Frühdienst war identisch mit dem letzten, jeder Sonntag glich dem letzten. Waschen, putzen, anziehen, umziehen, kochen, füttern, säubern, bügeln, Waschmaschine bedienen, Kleidung in den Kasten schlichten, rasieren, Bettwäsche wechseln, Tisch decken, Geschirr abwaschen, Geschirrspüler bedienen. „Und täglich grüßt das Murmeltier", kommentiert Erik. Die Tätigkeiten waren rasch erlernt, unterforderten ihn. Er spürte zwar, wenn die KlientInnen mal fröhlicher, mal trauriger waren – manche freuten sich, wenn er in den Dienst kam –, doch generell deprimierte ihn der

Arbeitsalltag. Es deprimierte ihn die Lage der KlientInnen. Die BewohnerInnen dieser WG sind zu stark behindert, um auch nur in eine Werkstatt gehen zu können. Angehörige besuchen sie nur selten. Ihr Alltag besteht in der Regel aus Essen, Schlafen und Musikhören. Eine Veränderung ihres Zustands steht nicht in Aussicht. Die BetreuerInnen müssen sich damit abfinden, dass sich der Alltag aus den vielen kleinen notwendigen Tätigkeiten zusammensetzt, die sicherstellen, dass die KlientInnen satt, sauber und trocken sind. Erik vermisste ersichtliche oder größere Entwicklungsschritte und die Möglichkeit, mehr zu bewirken.

Überrascht war er hingegen von manchen Situationen, in denen er sich als Berufseinsteiger wiederfand. Er erzählt von einem Klienten, der seine Aggressionen massiv gegen sich selber richtete, sich selbst schlug und biss. Manchmal schlug er auch Erik. „Empathie ist wichtig in jedem Betreuungsjob“, meint Erik, „doch auch Durchsetzungsvermögen.“ Die Gewaltausbrüche wurden von den KollegInnen als Normalität hingenommen, Erik musste selbst sehen, wie er damit zurechtkam. „Mehr als ihm zu sagen, dass er aufhören soll, konnte man nicht machen“, erinnert er sich.

Supervision gab es in der Einrichtung für Hilfskräfte, die noch dazu nur geringfügig beschäftigt sind, nicht. „Wenigstens Unterstützung durch die KollegInnen wäre notwendig gewesen, um mit dem deprimierenden Arbeitsalltag zurechtzukommen“, meint Erik, doch er erzählt von einem Team, das die schmutzigsten und anstrengendsten Arbeiten gern auf die Hilfskraft abschob und mit dem kaum Austausch möglich war. „Ich war komplett isoliert“, erinnert er sich, weiß nicht, ob er es auf seine anfangs unsicheren Deutschkenntnisse, sein generell zurückhaltendes Wesen oder einfach nicht positiv gesinnte KollegInnen zurückführen soll. Interessierte, Anteil nehmende KollegInnen hätten ihm Sicherheit und Rückhalt bieten können. Stattdessen sah er sich mit einer desinteressierten Leitung, die ihm bei Konflikten nicht beistand, und mit KollegInnen, die keinerlei Anteil an seinem Befinden nahmen und ihn gerne spüren ließen, dass er nicht dazugehörte, konfrontiert. Er fühlte sich so unwohl, dass er, auch wenn nichts zu tun war, immer wieder dasselbe, bereits saubere Geschirr abwusch, nur um beschäftigt zu sein.

Die Monotonie der Tätigkeiten und den Zustand der KlientInnen konnte Erik ertragen. Es war dieser mangelnde Austausch im Team, der ihn letztendlich dazu veranlasste, diese Stelle aufzugeben. Er arbeitete in weiterer Folge auch als persönlicher Assistent mit Behinderten und chronisch kranken Menschen, kämpfte mit den unklaren Arbeitsaufgaben, der Inkompatibilität mit den Charakteren mancher KlientInnen und vor allem mit der schlechten Bezahlung auf Basis eines freien Dienstverhältnisses. Um Jahre erfahrener und um einiges selbstsicherer trat er mit Anfang 30 in einer anderen Einrichtung eine Stelle als Betreuer im Nachtdienst an. In dieser Stelle fand Erik hilfreich, dass er erfahrener, älter war und dass es Austausch im Team in Form von Dienstübergaben und Besprechungen gab. Er absolvierte die Nachtdienste als alleiniger Betreuer im Dienst. Verantwortung wurde ihm übergeben, und er trug sie (hier fügt er hinzu, dass er nicht einmal einen einzigen Dienst Einschulung erhielt – sozusagen ab der ersten Stunde war er absolut allein verantwortlich). Die Dienste boten etwas mehr Abwechslung, da die KlientInnen weniger schwer behindert waren. Grundsätzlich änderte sich aber nicht, dass Erik in der Behindertenbetreuung Perspektiven für die KlientInnen oder die Möglichkeit, als Betreuer zielgerichtete Entwicklungsschritte zu setzen, vermisste. „Ich erkannte schon den Sinn von den Aufgaben, die ich ausführte", meint er. Kleine Schritte: den Lift bedienen, bei der Medikamenteneinnahme helfen, KlientInnen waschen. Situationen aushalten. Das Inakzeptable akzeptieren.

Erik war insgesamt fünf Jahre in der Behindertenarbeit tätig. Letztlich wechselte er in die Wohnungslosenbetreuung, die ihn deutlich mehr fordert und ihm seiner Meinung nach mehr Möglichkeiten bietet, seine Persönlichkeit einzubringen. Auf jeden Fall gestalten sich die Dienste dynamischer. Was hat er aus den Jahren mit Schwerbehinderten mitgenommen? Bescheidenheit,

Selbstlosigkeit und das Hintanstellen seiner eigenen Ansprüche und Bedürfnisse, meint Erik. Was würde er seinem zwanzigjährigen Ich sagen, das sich in der Behindertenbetreuung bewirbt, „um Menschen zu helfen?“ Erik lacht. „Warte mit deiner Begeisterung“, sagt er.

Ali, Jugendbetreuung, Unbegleitete Minderjährige Flüchtlinge (UMF)

Wie eine Taschenlampe

In der abgelegenen Einrichtung für unbegleitete minderjährige Flüchtlinge beginnt der Nachtdienst um 20.30 Uhr. Ali reist öffentlich an. Trotz der geografischen Nähe zu Wien braucht er für den Weg, den er an bis zu vier Tagen pro Woche zurücklegt, 100 bis 120 Minuten pro Richtung. Schwer erreichbar ist der Ort, nicht viel zu tun gibt es dort für Jugendliche. In einem typischen Dienst klärt er bei der Dienstübergabe mit dem Tagdienst ab, was am Tag geschehen ist, welche Probleme im Haus aktuell sind und für welche Termine er die Jugendlichen am nächsten Tag vorbereiten muss. Er liest das Dienstbuch und die Protokolle, in denen die Aufgaben aufgelistet sind, die der Tagdienst dem Nachtdienst überlassen hat. Für jene Jugendlichen, die begründet das Abendessen verpasst haben, stellt er Essen zur Seite. Die Jugendlichen treffen ein, ziehen sich zurück, gehen schlafen. Ein bisschen Aufräumen und Reinigen fällt immer an. Um Mitternacht kontrolliert Ali, ob alle Burschen im Bett sind oder ob jemand fehlt, und stellt das WIFI ab – die Grundvoraussetzung dafür, erzählt er, dass alle Jugendlichen schlafen gehen und nicht die ganze Nacht am Handy hängen. Danach, wenn Ruhe einkehrt im Haus, bleibt Ali im Büro ansprechbar. Immer wieder kommt ein Jugendlicher zu ihm ins Büro, weil er nicht schlafen kann, das Gespräch sucht oder etwas braucht. Um 5.30 Uhr werden Lebensmittel geliefert, die der Nachtdienst entgegennimmt. Um 6.45 Uhr werden die Burschen geweckt, die in die Schule oder in einen Deutschkurs gehen. Um 8.30 Uhr sollten Ablöse und Dienstübergabe mit dem Tagdienst erfolgen. Sehr oft, erzählt Ali, verspätet sich dieser. Verpasst Ali dann seinen Bus, muss er noch länger warten und aus den 12-Stunden-Diensten werden häufig 13, sogar 14 Stunden. Danach folgt die Rückfahrt nach Wien.

„So waren die Nachtdienste, wenn sie ruhig abgelaufen sind", erzählt Ali. Untergebracht waren im Quartier (die Einrichtung wurde mittlerweile geschlossen) rund 35 männliche minderjährige Flüchtlinge zwischen 14 und 18 Jahren, die ohne Eltern in Österreich auf ihren Asylbescheid warteten. Die Burschen stammten aus Somalia, Afghanistan, Syrien, Pakistan und Nordafrika. Die meisten UMF, die in Österreich untergebracht sind, kommen aus Afghanistan, Syrien und Somalia. Im Gegensatz zu volljährigen AsylwerberInnen werden sie in Einrichtungen untergebracht, wo der Betreuungsschlüssel etwas niedriger ist, und es gibt ein höheres Budget für jeden Jugendlichen: Bis zu 95 Euro pro Tag werden für jugendliche Flüchtlinge zur Verfügung gestellt. Damit müssen die Kosten für Verpflegung, Unterbringung, Taschengeld usw. abgedeckt werden (Asylkoordination 2017). Werden sie 18, müssen sie in eine reguläre Einrichtung für AsylwerberInnen umziehen.

Damals, mit Ende 30, hat Ali knapp vier Jahre als Nachtdienstmitarbeiter mit UMF gearbeitet. Angestellt war er für 30 Wochenstunden; tatsächlich kam es vor, dass er regelmäßig dazu aufgefordert wurde, aufgrund der chronischen Unterbesetzung Überstunden zu machen. Bis zu vier Dienste (48 Stunden) in Folge waren die Norm. Trotzdem wurde er genauso regelmäßig darauf hingewiesen, dass Überstunden unerwünscht seien und er sie abbauen solle.

Im Nachtdienst sollten zwei BetreuerInnen anwesend sein: ein schlafender und ein wachender Nachtdienst. Der schlafende Nachtdienst sollte in Notfällen hinzugezogen werden. Notfälle können Polizei- oder Rettungseinsätze, Brände oder akute Krisen im Haus sein. Fiel der zweite Nachtdienst wegen Krankenstandes weg und wurde nicht rasch genug nachbesetzt, war man allein im Dienst oder ein Zivildiener wurde angehalten, zu unterstützen, obwohl die Rechtslage klar ist: Zivildiener sollen keine Nachtdienste leisten. Zu Krisen kam es übrigens nachts häufig. Die Burschen, die im Haus wohnten, hatten kein leichtes Leben. Viele waren traumatisiert, hatten psychische Probleme oder waren kognitiv beeinträchtigt. Im Tagdienst gab es zwar eine Stelle für psychologische Betreuung der Burschen, doch Ali erinnert sich gut, dass viele Krisen erst abends oder nachts auftraten.

Die Burschen sammelten sich am frühen Abend zum Abendessen. Manche gingen, sofern sie schulpflichtig waren, in die örtliche Mittelschule, andere besuchten Deutsch- oder Basisbildungskurse. Nicht für alle gab es Angebote oder genug Budget. Das bedeutete, dass manche Bewohner den ganzen Tag frustriert und gelangweilt im Haus verbrachten. Manche UMF hatten österreichische PatInnen, die sich der Burschen annahmen und sie wenigstens ein paar Stunden pro Woche beschäftigten. Bei diesen sah Ali rasch große Fortschritte. Sie fanden Zugang zur österreichischen Gesellschaft und hatten das Gefühl, dass sich jemand um sie kümmerte. Manche der Bewohner hatten jedoch weder Ausbildung noch Sozialkontakte und auch nur wenig Taschengeld für Fitnesscenter, Kino usw. So verbrachten sie die meiste Zeit des Tages schlafend und die Nächte (bis zum Ausschalten des Modems) auf Skype oder Facebook, um mit ihren Familien in den Herkunftsländern Kontakt zu halten.

Jedenfalls waren zum Abendessen die meisten zu Hause, und aufgestaute Frustration oder Stress begann, sich zu entladen. Das war der Zeitpunkt, an dem der Tagdienst nach Hause ging und der Nachtdienst übernahm. Präsenz zeigen und einschreiten, wenn die Burschen zu streiten beginnen, dabei einfühlsam sein und zuhören, wenn jemand in Verzweiflung ausbricht: die Aufgaben des Betreuungsteams in den späteren Abendstunden. Auch Gewaltausbrüche gegen sich selbst oder die anderen Bewohner hat Ali miterlebt. Suizidversuche waren keine Seltenheit. „Den Burschen fehlt es an psychologischer Versorgung, an Beschäftigung, an Rückhalt. Es fehlt an Familie, Liebe, Fürsorge, Empathie. Im Haus mangelte es an klaren Strukturen und qualifizierter Betreuung. Es gab viel zu wenig psychologische Unterstützung“, erzählt Ali. UMF sind besonders marginalisiert. Ali spricht die zwei oder mehr Kulturen und Gesellschaften an, mit denen die Burschen aufwachsen: einerseits die Herkunftskultur, andererseits die österreichische, und hinzu kommt noch die Fluchtgeschichte.

Viele der Burschen haben Schreckliches erlebt, es wird ihnen aber eingetrichtert, vor den ReferentInnen des BFA[1] immer dieselbe Geschichte fiktiver Ereignisse zu erzählen, die wenig mit dem Erlebten zu tun haben. Ali hat beobachtet, dass es zu einer „inneren Aneignung" dieser Geschichte kommt, dem Schaffen einer gewissermaßen fiktiven dritten Kultur oder Prägung. Die Klienten beginnen zu glauben, was sie erzählen, sie können Wahrheit und Fiktion nicht mehr auseinanderhalten. Hinzu kommen die Ungewissheit um die Familie im Herkunftsland, Traumata, die vor, während oder nach der Flucht erlebt wurden, und die Schwierigkeiten, sich in Österreich zurechtzufinden. Rassismus durch die österreichische Mehrheitsgesellschaft, aber auch in den Einrichtungen zur Unterbringung von UMF selber (vor allem gegen schwarze Jugendliche) ist ein massives Problem, das das Selbstwertgefühl der jungen Menschen untergräbt. Viele der UMF sind psychologisch oder psychiatrisch unterversorgt, erhalten jedoch Beruhigungs- oder Schlafmittel oder nehmen Drogen. Den Großteil der Tage verschlafen sie. Ali sieht einen Mangel an qualifiziertem Personal, das sich dieser psychischen Probleme annehmen kann, und an Empathie, Verständnis um die speziellen Problemlagen dieser Klienten.

Während für die Mitarbeit im Nachtdienst in den meisten UMF-Einrichtungen keine spezielle Ausbildung vorausgesetzt ist, sondern gerne „MuttersprachlerInnen" angestellt werden, damit die Jugendlichen ihre Bedürfnisse und Probleme kommunizieren können, muss der Tagdienst einschlägige Qualifikationen erfüllen, die den Richtlinien der Jugendfürsorge entsprechen. Ali erinnert sich, dass vielleicht aus diesem Grund die MitarbeiterInnen des Tagdienstes gewissermaßen höher in der

1 BFA – Bundesamt für Fremdenwesen und Asyl, für die Abwicklung der Asylansuchen verantwortlich.

Hierarchie standen und auf den Nachtdienst herunterblickten. Unangenehme Aufgaben, die unter Umständen mehr Auseinandersetzung mit schwierigen Klienten erforderten oder auch einfach schmutziger waren, wurden auf den Nachtdienst „verschoben". Dem Nachtdienst wurde Autorität abgesprochen, indem die von ihm gesetzten Maßnahmen vom Tagdienst wieder aufgehoben wurden. Diese nicht einheitliche Arbeitsweise wurde von den Jugendlichen erkannt und auch gerne ausgespielt. Ali forderte immer wieder einheitliche Hausregeln und das konsequente Umsetzen dieser. „Das Fehlen von Konsequenzen und klaren Richtlinien führt am Tag nicht zu so viel Stress, wenn das halbe Haus leer ist, wie in der Nacht, wenn alle Jugendlichen zu Hause sind und sich alles entlädt", erinnert sich Ali.

Vor allem Jugendliche, die sich in einer dermaßen unsicheren Lebenslage befinden, benötigen Strukturen und Klarheit. Ali erzählt, dass sich einige BetreuerInnen wie „Onkel, Mama oder Schwester" fühlten, aber nicht wie BetreuerInnen. „Die Burschen haben schon eine Familie", meint er. Sie brauchen keine neuen Eltern, sondern Begleitung und professionelle Unterstützung, was das Zurechtfinden in einer neuen Kultur betrifft: „Wir sind wie eine Taschenlampe, die den Weg beleuchten soll." Abgrenzung ist aber besonders wichtig, um nicht hineinzukippen in ein privat-persönliches Verhältnis mit den Minderjährigen. „Wir müssen den Burschen Pünktlichkeit, Verlässlichkeit, Termine einhalten beibringen", die Klienten müssen lernen, dass Ausbildung in Österreich wichtig ist, dass sie einmal ihre Miete regelmäßig zahlen müssen usw. Ali befürchtet, dass durch die fehlenden Regeln und Konsequenzen in solchen Einrichtungen die Burschen, sobald sie volljährig werden und ausziehen müssen, sich in Österreich gar nicht zurechtfinden.

Das nicht einheitliche Arbeiten und die Spaltung zwischen Tag- und Nachtdienst erschwerten Ali das Arbeiten sehr. Die Spannungen forderten Aufmerksamkeit und Energie, die eigentlich dringend von den Burschen benötigt worden wären. Ali kommunizierte das Problem regelmäßig im Team und auch in der

Supervision, jedoch war die Supervision seiner Meinung nach wenig hilfreich, da die Leitung daran teilnahm und sich viele MitarbeiterInnen dadurch gehemmt fühlten.

Die Überstunden und die Nachtarbeit führten bei Ali zu massiver körperlicher Erschöpfung. Da er formell nur für 30 Stunden angestellt war und ein Kind zu erhalten hatte, nahm er einen zweiten Job in der Jugendarbeit an, wo er nachmittags und abends direkt vor seinen Nachtdiensten arbeitete. Oft fuhr er in den einen Job, wo er zwischen fünf und sechs Stunden arbeitete, dann weiter in den Nachtdienst, wo er mindestens zwölf Stunden blieb. Die Fahrzeit betrug zusätzlich durchschnittlich drei Stunden pro Tag. Die Folge waren extreme Erschöpfung und Müdigkeit. Ali listet auf, was ihm den Arbeitsalltag erleichtert und ihm das Überleben mit nur einem Job ermöglicht hätte: eine faire Anstellung und Bezahlung (obwohl meistens Vollzeit vor Ort, war er nur für 30 Stunden angestellt); Rückhalt im Team; kürzere Dienste (nach zwölf Stunden im Dienst spricht Ali nicht von „Ablöse" durch den Tagdienst, sondern von „Erlösung"); mehr BetreuerInnen im Nachtdienst; bessere psychologische Versorgung der Klienten.

Das Jonglieren mit zwei Stellen und die zermürbenden Bedingungen haben dazu geführt, dass Ali letztendlich eine Stelle in der Beratung in Wien annahm. Hier schätzt er die Arbeitsbedingungen, den kollegialen Zusammenhalt „und Bezahlung von 40 Stunden bei 40 Stunden Arbeit". Dennoch erinnert er sich gerne an die Betreuungsarbeit mit den minderjährigen Flüchtlingen. Er zeigt beim Gespräch die Freude und die Überzeugung, mit denen er den Job ausgeübt hat. Trotz der erschöpfenden Arbeitsbedingungen würde Ali den Job jederzeit nochmals machen, denn er mag die herausfordernde Beziehungsarbeit mit den Jugendlichen. Gerne motiviert er die Kinder und bietet die Anleitung und Unterstützung, die die Jugendlichen vor allem in so schwierigen Lebenslagen benötigen. Ali, gebürtiger Kurde und in der Türkei aufgewachsen, kennt das Gefühl, „nirgends dazuzugehören" und weiß daher um die besondere Empathie, die UMF benötigen. Ali kennt die „Multikulti-Collage“, die man durch adäquate Betreuung und durch Rücksichtnahme auf die Herkunftskultur sowie das Heranführen an die österreichische Kultur basteln kann. Diese Collage findet er sehr schön. Erreichen kann man sie durch das, was er schmunzelnd „orientalisches Montessori“ nennt: „Du bist frei, aber dein Handeln hat Konsequenzen.“ Den Jugendlichen das zu vermitteln, ist für Ali die Aufgabe von Betreuung.

Kim, Jugendbetreuung, Unbegleitete Minderjährige Flüchtlinge (UMF)

Der alltägliche Wahnsinn

In derselben Einrichtung wie Ali war Kim im Tagdienst tätig. Sie hat Ali nicht kennengelernt, da er bereits aufgehört hatte, als sie dort anfing. Die 33-jährige Bildungswissenschafterin hat das UMF-Quartier im Zuge einer Karenzvertretung im Ausmaß von 28 Wochenstunden kennengelernt und kann so die Sicht auf die Betreuung der jugendlichen Asylwerber aus Perspektive des Tagdienstes mit einbringen.

Im Tagdienst waren die Dienste acht bis zwölf Stunden lang. Unter der Woche kamen während der Arbeitszeiten der Behörden zu den Betreuungstätigkeiten auch sozialarbeiterische Tätigkeiten hinzu. Kim kann sich gut erinnern, dass sie immer wieder bis 23.00 oder sogar 24.00 Uhr blieb, wenn der Anlass (Krise im Haus, Ausfallen eines Nachtdienstes) gegeben war. Auch im Tagdienst waren zu Kims Zeiten normalerweise zwei BetreuerInnen im Haus, hinzu kam die Unterstützung durch einen Zivildiener. Kims Aufgaben waren „der alltägliche Wahnsinn" und alles, was dazugehörte: Nach der Dienstübergabe mit dem Nachtdienst und dem Lesen des Dienstbuches waren die noch schlafenden Jugendlichen zu wecken. Die Jugendlichen wurden in die Schule oder in Kurse geschickt. Im Gegensatz zum Nachtdienst gab es eine Vielzahl von Telefonaten und E-Mails mit Behörden und Anlaufstellen auszutauschen, um die Termine der Bewohner zu koordinieren. Kochplan und Putzplan wurden erstellt, die Sauberkeit im Haus sowie die Medikamenteneinnahme der Klienten kontrolliert, die Begleitungen durch den Zivildiener geplant und Freizeitaktivitäten durchgeführt.

Den ganzen Tag kamen die Burschen mit ihren Anliegen. Kim empfand es als regelrechtes „Auf-sie-Einstürmen", sobald sie ihren Dienst antrat: Nicht alle BetreuerInnen arbeiteten so motiviert und engagiert wie sie, und bald erkannten die Klienten, bei wem sie tatsächlich mit Unterstützung rechnen konnten. Umso mehr blieb für Kim zu tun. Was Kim erlebte, bekommen die meisten engagierten BetreuerInnen zu spüren. Die KlientInnen erkennen sehr schnell, wer für sie ein offenes Ohr hat und wahrhaftig daran interessiert ist, sich mit ihnen auseinanderzusetzen oder ihnen weiterzuhelfen. Dies führt zur absurden Situation, dass weniger motivierte oder weniger geeignete KollegInnen in ihren Diensten wenig oder kaum etwas zu tun haben, weil die KlientInnen mit ihren Anliegen lieber auf die KollegInnen warten, zu denen sie einen Bezug herstellen konnten. Engagierte BetreuerInnen bekommen so nicht selten zu hören: „Ich weiß nicht, warum du immer so viel zu tun hast“, während die weniger geeigneten KollegInnen umso frustrierter und gelangweilt ihre Dienste absitzen.

Kim erzählt – wie auch Ali – von mangelnder Kooperation zwischen Tag- und Nachtdienst, empfand es aber auch als Problem, dass nicht alle KollegInnen, egal ob Tag- oder Nachtdienst, die notwendige Motivation oder Empathie mitbringen, um den Burschen in ihrer schwierigen Lebenslage beizustehen. Ein gutes Zusammenleben ist nur möglich, wenn sich die BetreuerInnen potenzieller Spannungen unter den Jugendlichen bewusst sind, bedächtig damit umgehen und notwendige pädagogische Schritte setzen. Ebenso ist es beim Umgang mit traumatisierten, psychisch erkrankten oder drogensüchtigen Jugendlichen: Kim weist immer wieder auf die speziellen Problemlagen und die Unterversorgung der UMF hin. Zwei BetreuerInnen pro Dienst, so Kim, sind definitiv zu wenig, um etwa 35 Jugendlichen eine adäquate Betreuung zu garantieren (bei Krankenstand oder externen Terminen eines Betreuers/einer Betreuerin fand sie sich immer wieder allein im Dienst).

Kim stellt hohe Anforderungen an ihre Arbeit und erledigt Aufgaben gewissenhaft und hoch motiviert. Die ständigen Forderungen und Bedürfnisse der Klienten und die große Anzahl zu erledigender Aufgaben führten für sie zu extrem stressigen Diensten. „Es war unmöglich, zur Ruhe zu kommen und entspannt zu arbeiten", erzählt sie. Dass etliche KollegInnen viele Aufgaben auf sie abschoben oder schlichtweg gar nicht erledigten, trug nicht zur Entspannung bei. Die Dienste und das Arbeiten im Team waren nicht aufeinander abgestimmt. Mangelndes Wissen und zu wenig Erfahrung bei anderen KollegInnen waren – ebenso wie fehlendes Verständnis für die Lage der UMF – ein Problem. Die Anfahrtszeiten aus Wien und die langen Dienste auch an Feiertagen und am Wochenende führten zu einer hohen Fluktuation unter den BetreuerInnen. Dabei wäre ein stabiles Team, in dem man sich gegenseitig stützt, wichtig. „Der Job ist ohnehin stressig; zusammenarbeiten können, ist wichtig", meint Kim. Viel Energie wurde von den Problemen im Team aufgesaugt.

Belastend war für Kim auch eine gewisse Sorge bezüglich Gewalt oder sexueller Übergriffe. Ein oder zwei Klienten machten ihr Angst. Tatsächlich ist es gegen sie nie zu Übergriffen gekommen, doch Kim arbeitete mit einem unguten Gefühl, wusste, von wem sie sich lieber fernhielt, wenn kein weiterer Kollege bzw. keine weitere Kollegin in der Nähe war. „Ich wollte mir diese Angst auch nicht selber eingestehen, um keinen unprofessionellen Eindruck zu erwecken", reflektiert sie. Sorge oder Angst – das „ungute Gefühl" – mag auch andere KollegInnen begleitet haben, Austausch im Team oder mit der Leitung gab es dazu aber nicht. Kim thematisiert, was viele im Betreuungsalltag erleben. Viele BetreuerInnen sorgen sich vor Übergriffen, haben Angst oder fühlen sich unwohl, trauen sich aber nicht, dies zu thematisieren. Sie fühlen sich mit ihrer Sorge alleingelassen oder möchten Angst oder Sorge auch vor sich selbst nicht eingestehen (BGW 2016). Kim ging durch ständige Wachsamkeit mit dem Problem um: Sie wollte einerseits keinesfalls den Eindruck erwecken, irgendjemanden zu bevorzugen, und bemühte sich um die nötige Distanz zu allen Klienten; andererseits wusste sie, bei wem sie ein schlechtes Gefühl hatte und von wem sie sich lieber „fernhielt". Entspanntes Arbeiten war durch diese ständige Wachsamkeit aber nicht möglich.

Sexismus war auch ein Problem, das Kim nicht ignorieren wollte. Auch wenn es zu keinen physischen Übergriffen kam, so war sie als junge Frau dennoch zweideutigen Blicken, anzüglichen Bemerkungen und Pfiffen ausgesetzt. Auch religiösen Fanatismus konnte sie beobachten, umso mehr, je weniger Kontakt die Minderjährigen mit der österreichischen Gesellschaft hatten: Eine lokale Moschee stand als soziales Netzwerk bereit, und obwohl es Freizeitangebote wie Fußball oder Schwimmen gab, hatten viele der Jugendlichen kaum Kontakte zu ÖsterreicherInnen. „UMF sind Jugendliche zweiter Klasse", erzählt Kim. „Die Kinder- und Jugendhilfe würde Zustände wie in der UMF-Betreuung bei österreichischen Kindern nie tolerieren. Vernachlässigung ist das Wort, das zutrifft." Die Lage und die Probleme von UMF werden weder von den Einrichtungen, die mit der Betreuung beauftragt sind, noch von der Gesellschaft wahrgenommen oder aufgegriffen. Es gibt viel zu wenige Bildungs- und Ausbildungsmöglichkeiten, zu wenig Information und Beratung, zu wenige Freizeitangebote (Asylkoordination 2017). Die Jugendlichen müssen sich in eine neue Kultur einfügen, bleiben gleichzeitig im Kontakt mit der Herkunftskultur und bemühen sich, die Erwartungen der Familie zu erfüllen. Ständige Sorge um die Familie kommt hinzu. Kim weist auf den Faktor Pubertät hin: Neben allen flüchtlingsspezifischen Problemen handelt es sich letztlich um Jugendliche, die dieselben Probleme haben wie alle anderen Jugendlichen auch. Hinzu kommt aber, dass sie kein Geld und keine Privatsphäre haben. Sie können ein Mädchen (oder einen Burschen) weder nach Hause mitbringen, noch sie (oder ihn) ins Kino einladen. Das Ausleben der Sexualität wird durch ein anderes Frauenbild und andere Zugänge zu Sexualität erschwert, ebenso durch Rassismus von österreichischer Seite. Viele UMF werden von den Eltern einer potenziellen Freundin schief angeschaut oder offen angefeindet. „Logisch", meint Kim, dass manche UMF kriminell werden oder Drogen nehmen. Sie haben nichts zu tun, kein Geld, keine Beschäftigung. „Ich will nicht bagatellisieren", sagt sie, aber sie kann es verstehen, dass es dazu kommt. „Wundern braucht man sich nicht."

Die traumatischen Erlebnisse der Klienten belasteten auch Kim teilweise psychisch. Privat leistete sie sich Einzelsupervision, um das Gehörte zu verarbeiten. Hilfreich war für sie auch, zwischen ihren Diensten häufig mehrere Tage freizuhaben und dass es eine befristete Karenzvertretungsstelle war: Kim war immer klar, dass sie auf hohem Niveau mit viel Energie, aber nicht allzu lange in dieser Einrichtung arbeiten würde. In der Begegnung und in der Beziehung mit den Jugendlichen fand Kim Sinn in ihrer Tätigkeit. Bei den Jugendlichen bestand Resonanz, ihre Arbeit trug Früchte, und Kim erinnert sich an rührende Details, die zeigen, wie besorgt die Burschen auch um sie waren. Sie blickt zurück auf sehr anstrengende Monate, die sie aber aufgrund der Entwicklungsschritte, die sie ausgelöst hatte, mit Sinn erfüllten. Durch die Motivation und Professionalität von BetreuerInnen wie Kim erfahren Jugendliche generell – und besonders marginalisierte Jugendliche wie UMF – im Spezifischen Wertschätzung, die ihnen sonst in der Gesellschaft nur allzu oft versagt bleibt.

Anna, Behindertenbetreuung

Angst

Während Kim im vorigen Beitrag ein „ungutes Gefühl“ thematisiert, das sie im Zuge ihrer Dienste befiel, bringt es Anna, Bildungswissenschafterin, Sozialarbeiterin und Soziologin, mit einem konkreten Wort noch viel genauer auf den Punkt: Angst. Angst vor Übergriffen durch KlientInnen.

Anna verfügt mit 27 Jahren bereits über beträchtliche Erfahrung in der Behindertenarbeit. Fünf Jahre lang war sie für eine Wiener GmbH in sozialpädagogischen WGs tätig, in denen kognitiv beeinträchtigte Menschen, die teilweise auch über psychiatrische Diagnosen verfügen, voll betreut wohnen. Die KlientInnen werden dort Tag und Nacht von einem multiprofessionellen Team betreut – außer wenn sie in den Werkstätten sind, dann ist die WG leer. Mit der Rückkehr der KlientInnen aus der Werkstatt beginnt auch der Dienst für die BetreuerInnen. An sich sollten zwei BetreuerInnen im Dienst sein. Die Dienste sind in Tagdienste (beginnend am frühen Nachmittag) und Nachtdienste (die BetreuerInnen stoßen abends hinzu und bleiben über Nacht) eingeteilt, am Wochenende sind die BetreuerInnen bis zu 24 Stunden lang im Dienst. Hinzu kommen Dienste in der Einzelbetreuung, wenn ein/e BetreuerIn im Ausmaß von vier Stunden pro Woche zu einem Klienten/einer Klientin kommt, und Besuchsdienste, die bereits in vorigen Kapiteln angesprochen wurden: arbeitsrechtliche Beschäftigung im Graubereich, die vom Taschengeld der KlientInnen bezahlt wird und kein Angestelltenverhältnis darstellt. Anna leistete solche Besuchsdienste und war darüber hinaus in unterschiedlichem Ausmaß bis zu 20 Wochenstunden in drei WGs beschäftigt.

Ein typischer Dienst in Annas Behinderten-WG beginnt mit dem Lesen des Dienstbuches. Die BetreuerInnen, zu zweit im Dienst (außer ein/e BetreuerIn fällt durch Termine, Begleitungen oder Krankheit aus), waschen Wäsche, gehen mit den KlientInnen einkaufen, begleiten sie zu ÄrztInnen, PsychiaterInnen oder zu anderen Terminen. Die Zimmer werden auf Sauberkeit kontrolliert, auf die korrekte Einnahme von Medikamenten wird geachtet. Termine werden koordiniert und die Zusammenarbeit mit dem Psychosozialen Dienst, PsychiaterInnen, ÄrztInnen und Angehörigen wird sichergestellt. Bei akuten Notfällen werden Rettung und/oder Polizei gerufen. All dies muss akribisch und punktgenau dokumentiert werden. Das Projekt, ursprünglich rein FSW[1]-finanziert, wird nun auch vom Trägerverein finanziert, was ein bisschen Druck genommen hat, erzählt Anna. Als das Projekt rein FSW-finanziert war, verspürten die MitarbeiterInnen großen Druck, die Finanzierung in allen Aspekten und in jedem Detail zu rechtfertigen: Da der Verlust des Tagessatzes drohte, wenn ein/e KlientIn aufgrund von Krankheit nicht in die Werkstatt ging, wurden die KlientInnen sogar krank arbeiten geschickt. Jede verlorene Tablette, jedes Stolpern musste dokumentiert werden, damit auf allen Ebenen nachverfolgt werden konnte, was im Dienst geschah. Anstatt zu einer transparenten Arbeitsweise führte dies aber zu einem extrem hohen administrativen Aufwand für die MitarbeiterInnen. Dies änderte sich auch nach der Mitfinanzierung durch den Trägerverein kaum: Das Dokumentieren nimmt so viel Zeit in Anspruch, „dass von zwei BetreuerInnen im Dienst eine/r eigentlich ununterbrochen mit Dokumentieren beschäftigt ist", erzählt Anna.

In dieser Organisation ist der Alltag der KlientInnen bis ins Detail strikt vorgegeben. Flexibilität ist laut Anna nicht möglich, die Abläufe gestalten sich in allen WGs gleich. Die Möglichkeit, diese selbstständig zu gestalten oder sich individuell einzubringen, hatte Anna nicht. „Pädagogische Arbeit mit den KlientInnen war mir eigentlich kaum möglich", erinnert sie sich. „Es gab einfach keine Zeit." Die Dienste wurden von den notwendigen Handgriffen der Haushaltsführung, dem Lesen des Dienstbuches und vor allem dem Dokumentieren aller Geschehnisse

1 FSW – Fonds Soziales Wien, zuständig für die Finanzierung eines Großteils der Sozialprojekte, die in Wien angeboten werden.

dominiert. Zeit für Beziehungsarbeit blieb kaum. Hinzu kamen lange Dienste, die physisch erschöpften: am Wochenende bis zu 24 Stunden. Danach folgten etliche freie Tage hintereinander, was beim nächsten Dienst wiederum ein langwieriges Einlesen in die vorigen Dienste notwendig machte.

Anna erzählt von zu wenigen Teambesprechungen, bei denen nicht genug Raum für Fallbesprechungen war, sowie fehlender Supervision. Für Anna gab es keine Möglichkeit zur Supervision, da sie nur bis zu 20 Stunden arbeitete und Teilzeitkräfte von der Supervision ausgeschlossen sind. Die Stimmung im Team erlebte Anna als unangenehm. Grüppchenbildung und Lästern waren gang und gäbe, wobei sich Anna konsequent weigerte mitzumachen, was dazu führte, dass sie von den anderen eher „schief angesehen wurde". Dieses „ungute Feeling" im Team saugte Energien auf, die dringend in der KlientInnenarbeit benötigt gewesen wären.

Annas KlientInnen waren nämlich alles andere als einfach. Sie war in einer Frauen-WG tätig, wo Gewalt gegen die Betreuerinnen zum Alltag gehörte. Es kam immer wieder vor, dass sich Anna in einer Kammer einsperrte, um Tobsuchtsanfällen und Gewalt durch Klientinnen zu entgehen. Einige Klientinnen hatten die Strategie entdeckt, durch Gewalt gegen sich selbst, gegen andere Klientinnen oder die Betreuerinnen Aufmerksamkeit zu erregen. Da ihr Verhalten absolut keine Konsequenzen nach sich zog, konnten sie diese Strategie auch ziemlich erfolgreich einsetzen. Anna hatte nicht das Gefühl, sich im Team über den Faktor „Angst vor Übergriffen" austauschen zu können; es schien ihr, „dass man nun mal damit umgehen muss". Genauso schockierend waren ihre Erfahrungen in den anderen WGs, wo sie männliche Behinderte betreute und es immer wieder zu sexuellen Übergriffen gegen alle Betreuerinnen kam. Auch hier hatten die Klienten nicht mit Konsequenzen zu rechnen: mangels Schuldfähigkeit schreitet die Polizei erst ein, wenn bereits sehr viele Anzeigen erstattet wurden, wobei den Klienten letztlich maximal ein Monat auf der Psychiatrie und dann wieder die

Rückkehr in dieselbe WG bevorsteht. Das Problem ist somit für die Betreuerinnen nicht gelöst. Zu Hausverweisen kam es in den fünf Jahren, in denen Anna in dieser Organisation in der direkten Betreuung arbeitete, nie.

Anna ist mit ihrer Angst vor gewalttätigen Übergriffen in der Betreuung nicht allein. Während Aggressionen normal und in allen Einrichtungen vorhanden sind, wo Menschen mit Menschen wohnen oder arbeiten, sollte Gewalt niemals Bestandteil des Alltags werden. Vor allem in der Behindertenarbeit und Altenarbeit sind PflegerInnen, BetreuerInnen und Gesundheitspersonal häufig Übergriffen ausgesetzt, sei es verbale Gewalt wie Brüllen oder Drohungen, sexuelle Gewalt oder Attacken wie Beißen, Schlagen, Würgen, Zwicken, Stoßen, das Werfen von Gegenständen oder extreme Gewaltausbrüche, wobei es zu Knochenbrüchen kommen kann. Laut einer deutschen Studie ist jede zweite Fachkraft betroffen (BGW 2016). Österreichische Daten zu Gewalt in der Geriatrie und im Krankenhaus belegen diese Einschätzung (Stefan & Dorfmeister o. A.), wobei die Lage in der Sozialbetreuung ähnlich sein dürfte.

Vor allem bei KlientInnen mit Doppeldiagnose (kognitive Beeinträchtigung und psychiatrische Diagnose, also Annas Klientel) sind Übergriffe auf BetreuerInnen besonders häufig (Neue Caritas 2011). Frustration, Angst, Wut, Schmerzen, Trauer, das Bedürfnis nach Aufmerksamkeit, sensible Phasen beim Absetzen von Medikamenten (wie nach einem Entzug), akute Psychosen, Substanzenmissbrauch etc. können bei den KlientInnen Gewaltausbrüche hervorrufen (Erdemgil-Brandstätter 2009). Ein Tabuisieren des Themas auf allen verantwortlichen und involvierten Ebenen und das Absehen von Konsequenzen führen zu keiner Besserung des Problems. Dringend benötigt sind Schulungen und Fortbildungen, jedoch auch die Implementierung empfohlener Strategien in den Einrichtungen (Stefan & Dorfmeister o. A.). Gefordert sind Deeskalationstrainings, Verhaltensrichtlinien und Angebote zur Traumabewältigung für MitarbeiterInnen. Einrichtungen müssen Fluchtwege schaffen, seien es WGs, Büros oder Wohnheime. In den Teams muss ein Bewusstsein für die psychischen Folgen von Gewalterlebnissen geschaffen werden. Und die Verantwortlichen müssen dafür sorgen, dass Betreuungsteams im Dienst nicht unterbesetzt sind, und sie müssen KlientInnen klar machen, dass Übergriffe nicht ohne Folgen bleiben.

Wichtig ist noch, im Kontext Gewalt darauf hinzuweisen, dass neben der Gewalt durch KlientInnen, die von vielen BetreuerInnen als „normal" hingenommen wird, auch Gewalt durch Mobbing und sexuelle Belästigung durch KollegInnen/Vorgesetzte ein Thema ist, gegen das im Sozialbereich viel zu wenig getan wird (Erdemgil-Brandstätter 2009).

In allen psychosozialen und pädagogischen Ausbildungen und Schulungen wird thematisiert, dass Übergriffe auf KlientInnen selbstverständlich ein No-Go sind. Dies führt aber so weit, dass BetreuerInnen sogar im Zuge von Selbstverteidigung, also der Abwehr von Übergriffen durch KlientInnen, besorgt sein müssen, den KlientInnen auf keinen Fall einen blauen Fleck zuzufügen oder einen starken Schubser zu verabreichen. Wie Annas Erzählung verdeutlicht, ist es eine Zumutung für BetreuerInnen, in einem Setting zu arbeiten, in dem Gewalt zum Alltag gehört. Eine Verbesserung der Lage erwartet Anna nicht, da sich in der Organisation, in der sie tätig ist, Leitung und KollegInnen ohnehin damit abgefunden haben, „dass man da nichts machen kann", wie Anna es formuliert. Anna weiß vom Umgang mit Gewalt und sexuellen Übergriffen in etlichen Organisationen. Sie hat den Eindruck, dass das Problem in vielen Einrichtungen ignoriert wird. Einen Verein nennt sie als Ausnahme. Dieser leistet sich in den WGs Securitys. Während grundsätzlich der Einsatz von Securitys in sozialen Einrichtungen fragwürdig ist, hat er in diesen WGs jedenfalls einen positiven Effekt: Die gewalttätigen Übergriffe sind deutlich zurückgegangen, seit Securitys anwesend sind. Im Normalfall kommen sie nicht einmal zum Einsatz, aber ihre bloße Anwesenheit „lässt die Klienten zweimal nachdenken“, bevor sie zuschlagen oder der Betreuerin an die Brüste greifen.

Anna spricht direkt und unverblümt das Problem der nicht ausgelebten, unterdrückten Sexualität der KlientInnen an. Während die meisten Curricula für diverse Ausbildungen (Behindertenbegleitung, Fachsozialbetreuung, Soziale Arbeit, Lebens- & Sozialberatung …) das Thema Sexualität und Behinderung thematisieren und Sexualberatung lehren, hat Anna die Erfahrung gemacht, dass ihre dienstälteren KollegInnen diesen Bereich des Alltags gar nicht thematisieren wollen. „Es gibt ExpertInnen“, erzählt Anna, „die Männern mit Beeinträchtigung erklären, dass Masturbation natürlich ist, jedoch eher im eigenen Schlafzimmer als im Gemeinschaftsraum praktiziert werden sollte, oder Frauen den Umgang mit Vibratoren erklären.“ Doch müssen solche Workshops oder Angebote auch eingeholt und den KlientInnen angeboten werden. Sträuben sich Leitung oder KollegInnen, Angebote in Anspruch zu nehmen, bleibt das Problem ungelöst.

Die oberste Aufgabe einer Leitung sollte eigentlich der Schutz der MitarbeiterInnen sein. Sorgen, Ängste, Probleme und Schwierigkeiten in den Diensten lassen sich auch nur lindern oder beheben, wenn ein offener Austausch im Team und Rückhalt unter den KollegInnen gegeben ist. Ist dem nicht so, entstehen Gegebenheiten, die Anna erleben musste: die Überzeugung, dass Arbeiten in Angst, Angst in und vor der Arbeit normal und ohnehin in allen Einrichtungen vorhanden ist.

Die ständige Angst vor Übergriffen oder Gewaltausbrüchen empfand Anna als psychische Belastung. Die Arbeit in den extrem langen Diensten und die Schichtarbeit erlebte sie wiederum als physisch belastend. Der immense administrative Aufwand nahm viel Zeit in Anspruch, die sie lieber den KlientInnen oder dringlicheren Problemen gewidmet hätte. Ursprünglich hatte sich Anna für diese Arbeit entschieden, weil sie gut zu ihrem Studium der Bildungswissenschaften passte und der Teilzeitjob mit den Studienzeiten kompatibel war. Mittlerweile war Anna mit ihrer kleinen Tochter in Karenz und arbeitet nun in derselben Organisation im Qualitätsmanagement. Mit dem nötigen Abstand kann sie die Frage, ob sie diese Arbeit nochmals machen würde, klar mit Nein beantworten.

Erik, Wohnungslosenbetreuung

Verkaufskonzept Niederschwelligkeit

Obwohl Wien eine der reichsten Städte der Welt ist, leben auch hier Menschen auf der Straße oder kommen in Einrichtungen der Wohnungslosenhilfe unter. Hunderte Menschen verbringen ihre Tage (und Nächte) auf der Straße oder suchen Wohnquartiere auf, in denen sie, je nach Konzept, eine Nacht oder aber mehrere Monate lang bleiben können. Verschiedene Personengruppen erleben Wohnungs- oder Obdachlosigkeit unterschiedlich, seien es Frauen, Männer, Haftentlassene, psychisch Kranke, Suchtkranke, Opfer von Gewalt- und Missbrauchserfahrungen, Jugendliche oder Flüchtlinge: Wohnungslosigkeit ist nicht gleich Wohnungslosigkeit (BAWO 2011). Der gemeinsame Nenner ist Armut, soziale Ausgrenzung und das Fehlen von leistbarem Wohnraum. Über die Anzahl der akut obdachlosen Menschen in Österreich herrscht Ungewissheit. Laut einem Bericht des Sozialministeriums waren 2017 21.567 Personen als obdachlos registriert, von denen 8.700, also etwa 41 %, wenigstens vorübergehend in einer Einrichtung untergekommen sind (Statistik Austria 2018). In Wien allein stehen etwa 4.500 Wohn- und Schlafplätze für Menschen ohne Wohnung zur Verfügung, wobei die Angebote der Wiener Wohnungslosenhilfe, die von Beratung über Streetwork bis hin zur Betreuung in Wohnheimen reicht, ebenfalls 2017 11.000 KundInnen zählten (Wiener Tafel o. A.). In den Wintermonaten werden im Zuge der Notmaßnahmen neben den regulären Schlaf- und Wohnplätzen der Wohnungslosenhilfe zusätzliche Schlafplätze in Notquartieren zur Verfügung gestellt, um den Betroffenen wenigstens in den kältesten Monaten schwere Erkrankungen oder den Kältetod zu ersparen. 2017/2018 nutzten 3.200 Personen dieses Paket (Grillmayer 2019).

Zu den angegebenen Statistiken ist hinzuzufügen, dass die Dunkelziffer höher liegt, da manche Leute aus Gründen, die bereits weiter oben diskutiert wurden, Angebote der Wohnungslosenhilfe nicht nutzen und zum Beispiel Wohnplätze in Flüchtlingsquartieren oder Frauenwohnheimen nicht zur Statistik der Wohnungslosenhilfe gezählt werden, obwohl KlientInnen solcher Einrichtungen ebenfalls keine Wohnung haben (Grillmayer 2019). Die hier angegebenen Zahlen dienen mehr einer Orientierung. Seriöse Schätzungen oder genaue Zahlen anzugeben, ist unmöglich.

Die Bundesarbeitsgemeinschaft Wohnungslosenhilfe unterscheidet zwischen Obdachlosigkeit und Wohnungslosigkeit (BAWO-b o. A.): Obdachlos sind Menschen, die auf der Straße, an öffentlichen Orten oder in Notquartieren leben. Wohnungslos sind Menschen, die in Einrichtungen mit beschränkter Aufenthaltsdauer wohnen, wie Übergangswohnheimen oder -wohnungen, aber auch AsylwerberInnen in Flüchtlingsquartieren oder Menschen, die aus Jugendheimen oder Spitälern entlassen und weiter hospitalisiert werden, weil keine alternative Unterbringung zeitgerecht organisiert wurde. Der Großteil der Wohnungslosen verliert seine Wohnung infolge von Arbeitslosigkeit, Scheidung oder Trennung oder – damit einhergehend – von physischen oder psychischen Erkrankungen, wobei zu letzteren auch Suchterkrankungen zählen.

In Übergangswohnhäusern findet Obdach, wer eine Förderbewilligung durch das Beratungszentrum Wohnungslosenhilfe (bzWO) erhält. Verschiedene Organisationen bieten in der Wiener Wohnungslosenhilfe zeitlich begrenzte Wohnplätze in Wohnhäusern, in denen die BewohnerInnen von BetreuerInnen und SozialarbeiterInnen begleitet werden. Es gibt Einrichtungen für alleinstehende Männer, Frauen, Familien, junge bzw. ältere Wohnungslose, Paare und diverse Schwerpunkte wie besondere Angebote für Suchtkranke, Einrichtungen, in denen Haustiere erlaubt sind, oder Mutter-Kind-Häuser. In den Übergangswohnhäusern wird normalerweise eine Miete in der Höhe von etwa 150–350 Euro eingehoben, die die BewohnerInnen aus ihren Bezügen der Sozialhilfe oder ihrem Einkommen bezahlen. Ziel ist der Auszug in eine eigene Einrichtung oder aber in eine andere adäquate Form der Unterbringung.

Während die meisten Einrichtungen bis 2018 fast ausschließlich Personen mit einer solchen Förderbewilligung offenstanden, wurde 2018 ein neues Konzept eingeführt: das Konzept des Chancenhauses. Chancenhäuser sollen für Personengruppen, die ansonsten Schwierigkeiten haben, einen Wohnplatz zu finden, niederschwellig zugänglich sein. Erik, der bereits von seinen Erfahrungen als Berufseinsteiger in der Behindertenarbeit erzählt hat, arbeitet seit sechs Jahren in einer Einrichtung, die zum Chancenhaus umfunktioniert wurde. Das Übergangswohnhaus stand ursprünglich nur Männern offen. Nun wohnen hier auch Frauen und Paare. Personen, die akut auf der Suche nach einem Wohnplatz sind, benötigen nun keine Förderbewilligung des bzWO mehr, sondern können sich von anderen Anlaufstellen direkt über Wartelisten, die die HeimleiterInnen verwalten, zuweisen lassen: von Tageszentren, Notschlafstellen, mobilen sozialarbeiterischen Angeboten, medizinischen Einrichtungen wie dem SMZ-Süd, Wärmestuben oder vor allem dem P7, dem Wiener Service für Wohnungslose der Caritas Wien. Nach dieser nun einfacheren Zuweisung durch eine dieser Stellen ist das Ziel, dass die BewohnerInnen innerhalb von drei bis vier Monaten eine Unterkunft finden und wieder ausziehen.

Hier setzt Eriks Kritik an. In vielen Fällen, erzählt er, funktioniert die Perspektivenplanung nicht. In der vom Konzept vorgesehenen Zeit wieder auszuziehen, ist für viele unrealistisch. Sie schaffen es nicht, einen Wohnplatz zu bekommen, oder nehmen erst gar nicht die notwendigen Termine mit den SozialarbeiterInnen wahr, um eine dauerhafte Wohnlösung zu finden. Letztlich landen viele erst recht auf der Straße, obwohl das ursprüngliche Konzept eines Übergangswohnhauses zum Ziel hatte, dauerhafte Wohnplätze zu sichern und die KlientInnen in solche zu entlassen.

Das andere Problem ist, dass Eriks Einrichtung nun Zugang bietet für Personengruppen, für die das Haus nicht ausgestattet und die MitarbeiterInnen schlicht und einfach nicht ausgebildet sind. Zwar werden weiterhin auch Sucht- und Alkoholkranke beherbergt, die die klassische Zielgruppe des Übergangswohnhauses waren, doch mehren sich die Aufnahmen von Pflegebedürftigen, chronisch und schwer kranken Menschen und Alten. Diese KlientInnen brauchen weitaus mehr Pflege und Betreuung, als das Chancenhaus ihnen bieten kann. Die SozialarbeiterInnen benötigen oft Wochen, um Heimhilfen oder PflegerInnen für die KlientInnen im Haus zu organisieren. „Eigentlich brauchen viele ein Spital oder ein Hospiz", erzählt Erik. „In den letzten Monaten sind zwei Klienten gestorben, weil sie schon mit weit fortgeschrittenen Krankheiten eingezogen sind." Die Pflege, die ein Hospiz geleistet hätte, können die BetreuerInnen selbstverständlich nicht gewährleisten. Bei den Rundgängen, die die BetreuerInnen in ihren Diensten machen, müssen sie nun vermehrt damit rechnen, jemanden nur noch tot aufzufinden.

Als größtes Problem identifiziert Erik die nun regelmäßig erfolgende Zuweisung psychisch kranker Menschen, für die die Einrichtung nicht ausgestattet ist. Etliche KlientInnen sind dermaßen psychisch beeinträchtigt, dass sie eine Gefährdung für sich selbst und für das Betreuungsteam darstellen. Wohnungslose mit psychiatrischer Diagnose werden aus Spitälern, Psychiatrien oder einer anderen Wohneinrichtung entlassen und können sich nun „niederschwellig" dem Chancenhaus zuweisen lassen. Keine/r der MitarbeiterInnen hat die benötigte Ausbildung, um sich im 24-Stunden-Wohnalltag mit schweren Fällen paranoider Schizophrenie oder sonstigen Persönlichkeitsstörungen zu befassen oder um professionelle Betreuung zu gewährleisten. Die BetreuerInnen erhalten keinerlei Informationen, ob die KlientInnen Medikamente nehmen. „Niemand weiß, ob sie Medikamente nehmen sollen und dies tun", erzählt Erik. In einem Wohnhaus mit manchmal nur drei BetreuerInnen vor Ort, die Tag und Nacht den Wohnalltag von bis zu 150 KlientInnen mit ohnehin multiplen Problemlagen strukturieren sollen, sind Personen mit schweren psychischen Erkrankungen massiv unterversorgt.[1]

Erik erinnert sich an einen Fall: Sein Klient Herr Al-Salih ist ein irakischer Flüchtling Ende 30.[2] Er wohnte nur wenige Wochen im Chancenhaus. Erik hatte kaum die Gelegenheit gehabt, ihn kennenzulernen, als Herr Al-Salih eines Tages immer wieder zur Rezeption kam, an der die BetreuerInnen für die KlientInnen erreichbar sind. Er klagte über starke Zahnschmerzen. Erik bereitete für ihn die Fahrt zur Zahnklinik vor und erkannte rasch die schwere psychische Beeinträchtigung des Klienten. „Er war in so schlechtem Zustand, dass ich zu meiner Sicherheit sehr sorgfältig auch auf physischen Abstand achtete", erinnert sich Erik. Später hörte Erik bei einem Rundgang Schreie aus dem Zimmer des Klienten. Er betrat das Zimmer in dem Moment, als Herr Al-Salih bereits am Fensterbrett saß, die Beine aus dem Fenster baumelnd. Erik blieb ruhig, sprach Herrn Al-Salih an, ließ sich von ihm erzählen, dass er lieber springen würde, als die Zahnschmerzen länger zu ertragen, und überredete ihn schließlich, vom Fensterbrett herunterzuklettern. Nachdem ihn Amtsarzt und Polizei in die Psychiatrie eingewiesen hatten, wollten ihn die Ärzte und Ärztinnen dort bald wieder entlassen. Die einzige Möglichkeit, einen längeren Aufenthalt in der Psychiatrie zu garantieren, erzählt Erik, bestand darin, der Psychiatrie mitzuteilen, dass Herr Al-Salih nicht ins Chancenhaus zurückkehren könne. Herr Al-Salih hatte somit keinen Wohnsitz, in den die Ärzte und Ärztinnen ihn hätten entlassen können.

„Das Konzept Chancenhaus liest sich als tolerant, will Wohnraum bieten für KlientInnen, die durch alle Ritzen gefallen sind", meint Erik. Tatsächlich aber sind die BetreuerInnen mit den Zielgruppen, die erhöhten Betreuungsbedarf haben, überfordert: „Wir benötigen MitarbeiterInnen mit speziellen Ausbildungen wie Heimhilfe, psychiatrische Krankenpflege, Altenbetreuung,

1 Vier bis fünf BetreuerInnen sind vom Konzept her als Mindestbesetzung vorgesehen.

2 Alle Details zur Person wurden geändert.

Psychologie, um mit KlientInnen umzugehen, deren Bedürfnisse von den regulären Obdachlosen abweichen." Überlastet sind sie nämlich nicht nur wegen der neuen Zielgruppen.

Erik versieht vorrangig Zwölf-Stunden-Dienste im Wechseldienst. Je nachdem, ob Tagdienst oder Nachtdienst, beginnen die Dienste üblicherweise um 6.30 oder 18.30 Uhr. Die meisten Dienste sind dermaßen stressig, dass er keine Pause machen kann und im Extremfall nicht einmal zum Essen kommt. Erik spricht vom großen administrativen Aufwand, der viel Zeit beansprucht, die er gern in die Bezugsbetreuung investieren würde. Ohnehin sind für bis zu 150 BewohnerInnen manchmal nur drei BetreuerInnen im Dienst, doch während der Winternotmaßnahmen muss das Team noch ein angrenzendes Notquartier mitbetreuen, wo mehrere Familien Schlafplätze finden. In einem durchschnittlichen Dienst verwendet Erik etliche Stunden auf das Lesen der Dokumentation in der Datenbank und auf das Dokumentieren gesetzter Interventionen und von Vorfällen sowie das Beantworten von E-Mails. Neben dem Einschreiten, wenn es Konflikte im Haus gibt oder wenn die BewohnerInnen Hilfe bei Problemen suchen, ist das Betreuungsteam für das Vergeben von Terminen zum Wäschewaschen, die Sauberkeit im Haus, Begleitungen zur Post, Besprechungen mit den SozialarbeiterInnen, Neuaufnahmen und Zimmerräumungen verantwortlich. Immer wieder müssen Polizei-, Feuerwehr- oder Rettungseinsätze angefordert und begleitet werden. Hinzu kommen tägliche und wöchentliche Besprechungen mit KollegInnen und Vorgesetzten sowie Extraaufgaben, die allen BetreuerInnen zugeteilt werden. Aufgrund des hohen administrativen Aufwands findet Erik kaum genug Zeit für seine regulären Betreuungsaufgaben, ganz zu schweigen für „Extras" wie die Mitbetreuung der anderen Einrichtung, Freizeitaktivitäten für die BewohnerInnen u.v.m.

Als große Belastung empfindet Erik einerseits den Wechsel zwischen Tag- und Nachtdienst: Es lässt sich kein Schlafrhythmus herstellen. Viele, weiß Erik, greifen zu Schlafmitteln, Alkohol oder sonstigen Suchtmitteln, um zu schlafen. Der Schlafmangel führt zu physischer Erschöpfung, oft ist kein Sozialleben möglich, die Erholungsphasen sind viel zu kurz. Das andere große Problem, das Erik identifiziert, sind schlecht qualifizierte MitarbeiterInnen. Menschen ohne jegliche Erfahrung, teilweise auch ohne Interesse für die Lebensrealitäten der KlientInnen, ohne Empathie oder die Bereitschaft, das Nötige für diesen Job zu lernen, werden eingestellt, weil sie gewillt sind, längerfristig unter harten Bedingungen bei ungewöhnlich niedrigem Gehalt zu arbeiten. Andererseits kündigen viele MitarbeiterInnen aufgrund der harschen Arbeitsbedingungen und dem schlechten Gehalt bald wieder, die Fluktuation ist sehr hoch. Spannungen und Intrigen im Team zehren an den Energien, die benötigt würden, um sich abzugrenzen und das triste Umfeld der Arbeit nicht mit nach Hause zu nehmen. „Ich bin komplett frustriert", erzählt Erik, denn hohes Engagement wird in der Organisation, in der er tätig ist, nicht anerkannt oder wertgeschätzt. „BetreuerInnen, die sich engagieren und unentwegt ihr Bestes geben, um die Versorgung der KlientInnen zu garantieren, erhalten nicht mehr Wertschätzung als KollegInnen, die im Dienst nicht einmal das Nötigste tun", erzählt er.

Letztlich findet Erik, dass das Fehlschlagen gut gemeinter und gut klingender Konzepte wie das Chancenhaus auch auf mangelndem Mitspracherecht der MitarbeiterInnen an der Basis, nämlich der BetreuerInnen, beruht. HausleiterInnen und alle Ebenen darüber bis hin zur Geschäftsführung suchen zwar immer nach Wegen, Schlagwörter und Modekonzepte wie „Niederschwelligkeit" zu vermarkten, sind jedoch nicht darüber im Bilde, dass diese Konzepte unter Umständen nicht umsetzbar sind. Von anderen Chancenhäusern in Wien weiß Erik, dass die Umsetzung des Konzepts auch besser funktionieren kann. Kürzere Dienste, MitarbeiterInnen, die über Qualifikationen wie KrankenpflegerInnen verfügen und eine Trennung von Tag- und Nachtdiensten (d. h. ein Teil des Teams arbeitet nur im Tagdienst, während der andere Teil nur im Nachtdienst arbeitet; die Störung des Schlafrhythmus wird dadurch vermieden, weil man immer dieselben Dienst- und Schlafenszeiten hat) vermindern die Belastung des Umgangs mit besonders schwierigen Zielgruppen. Wäre in Eriks Einrichtung Rücksprache mit dem Betreuungsteam zum Konzept Chancenhaus erfolgt, hätte man rasch erkannt, dass es in dieser Form keine Erleichterung für Obdachlose auf den Straßen Wiens bringt, sondern stattdessen eine Mehrbelastung für ohnehin schon überarbeitete BetreuerInnen, die sich ihrem Arbeitsalltag nicht mehr gewachsen sehen, resignieren oder dem Burn-out näherrücken.

In vielen Konzepten von Betreuungsprojekten werden leere Schlagwörter verwendet, deren Bedeutung nicht eindeutig ist und die daher von allen Beteiligten anders ausgelegt und umgesetzt werden können. Solche „Container-Worte“, die vom jeweiligen Standpunkt aus mit unterschiedlichen Bedeutungen versehen werden (Knauer et al. 2004), sind Modewörter, die je nach Bereich Begriffe wie „emanzipatorisch“, „partizipativ“, „niederschwellig“ oder „autonom“ umfassen. Zweifellos sind dies wünschenswerte Zustände oder Ansätze, doch letztlich sind es theoretische Konzepte. Alleingelassen an der Basis sind damit die BetreuerInnen, die auf die *compliance* der KlientInnen angewiesen sind. Im Namen der „Niederschwelligkeit“ sehen sich Betreuer wie Erik jeden Tag mit KlientInnen und Situationen konfrontiert, für die sie nicht ausgestattet oder qualifiziert sind.

Erik denkt oft an Kündigung. Noch ist er der Meinung, dass jemand „von den Guten“ in seiner Einrichtung bleiben muss, um sicherzustellen, dass die Arbeit so gut wie möglich getan wird. Sollte er sich zur Kündigung entschließen, bewahrheitet sich wieder, dass in vielen Projekten letztlich qualifizierte, erfahrene MitarbeiterInnen aufgrund der Arbeitsbedingungen ihre Arbeit, die sie im Grunde gerne und deswegen engagiert machen, aufgeben und die KlientInnen mit weniger geeigneten BetreuerInnen zurückbleiben. Eriks Motivation ist die gleiche geblieben, seit er mit Anfang 30 seine Stelle angetreten hat: Er möchte zur Gerechtigkeit in der Gesellschaft beitragen und sicherstellen, dass den Schwächsten geholfen wird. Nur wie lange er für die Schwächsten noch durchhält, weiß er nicht.

Silvana, Betreuung, Frauenschutzeinrichtung

Ganz am Boden

Laut einer EU-weiten Studie ist eine von fünf Frauen in Österreich von körperlicher oder sexueller Gewalt im sozialen Nahraum betroffen, noch mehr Frauen, nämlich mehr als eine von drei, werden Opfer psychischer Gewalt (38 %) oder sexuell belästigt (35 %) (FRA 2014). Psychische, sexuelle und physische Gewalt umfassen Misshandlungen wie Schlagen, Würgen, Ohrfeigen, Kratzen, Ersticken, Stoßen, Vergewaltigung (auch in der Ehe), Brüllen, Packen, Verbrühen, Verbrennen, Verätzen, Genitalverstümmelung, sexuelle Belästigung und Missbrauch, geschlechtliche Nötigung, Menschenhandel, sexuelle Ausbeutung oder Ausbeutung im Haushalt, aber auch Stalking, Mobbing oder Beleidigungen, Einschüchterungen oder Drohungen, Mord u.v.m. (Kapella et al. 2011). Während Männer eher im öffentlichen Raum (Straßen, Lokale, Parks …) Opfer von Gewalt werden, wird es die Mehrzahl der Frauen im sozialen Nahraum (ebd.).

Betreuung und Beratung bieten insbesondere die Frauen-Helpline gegen Gewalt, die Gewaltschutzzentren bzw. die Interventionsstelle gegen Gewalt in der Familie Wien, Frauenhäuser, Frauen- und Mädchenberatungsstellen, die Frauenberatungsstellen bei sexueller Gewalt gegen Frauen und Mädchen (ehem. „Frauennotrufe"), der 24-Stunden-Frauennotruf der Stadt Wien, bei Zwangsheirat der Verein Orientexpress und bei Frauenhandel die Interventionsstelle für Betroffene von Frauenhandel (IBF). Darüber hinaus gibt es auch kleinere Vereine, die Beratungs- und Betreuungsangebote stellen. Auch Organisationen der Wiener Wohnungslosenhilfe oder andere Social-Profit-Organisationen bieten Notbetten oder ganze Einrichtungen nur für Frauen an, die üblicherweise auch Gewalterfahrungen gemacht haben. In Wien werden Frauen, die sich aus akuten Gewaltsituationen befreien konnten, zumeist bei den Wiener

Frauenhäusern, den Notwohnungen und Wohnprojekten von Orientexpress und der IBF untergebracht.

Die betreuenden Einrichtungen bieten Schutz und Sicherheit, Unterbringung, Beratung und psychologische Begleitung. Die Gewalttäter stammen aus allen Altersgruppen, allen Bildungsschichten und diversesten Herkunftsländern. Viele Frauen brauchen Jahre, um sich aus einer Gewaltbeziehung zu befreien, sich an die Polizei zu wenden oder in einer Schutzeinrichtung Zuflucht zu suchen. Manche schaffen es nie.

Neben den größeren Frauenhäusern sind es kleine Schutzwohnungen, die für Opfer von Gewalt (sei es häusliche Gewalt, Zwangsheirat oder Frauenhandel) zur Verfügung stehen. Silvana war mehrere Jahre lang in einer davon tätig. Sie ist besonders um Anonymität bemüht, nicht nur für sich, sondern auch für den Verein, in dem sie betreut hat. Sie möchte dem Verein in keiner Weise schaden oder die Versorgung der Frauen, die durch ihn Unterkunft und Begleitung erhalten, in irgendeiner Weise gefährden. Wir vermeiden Details, die Rückschlüsse auf die Trägerorganisation zulassen würden. „Die Muster der Gewalt, denen die Frauen ausgesetzt sind, laufen immer gleich ab“, beschreibt Silvana. „Sie werden in ein Abhängigkeitsverhältnis gebracht, sind Drohungen und Gewalt ausgesetzt, egal ob verbal oder körperlich. Sie denken, keine Wahl und keinen Ausweg zu haben.“

Silvana interessierte sich immer schon für feministische Projekte, wollte sich auch beruflich für die Selbstbestimmung besonders vulnerabler Klientinnen engagieren. Nach Jahren der Mitarbeit in einschlägigen feministischen Projekten erhielt sie schließlich einen Job als Betreuerin in einer Schutzwohnung. Der Verein, von dem die Unterkunft betrieben wird, zeichnet sich durch feministische Werte, Mitarbeiterinnen und eine Leiterin aus, die ans Konzept glauben und sich für die ihnen anvertrauten Klientinnen verausgaben. Silvana sah sich am richtigen Platz gelandet. Das war vor zehn Jahren. Zum damaligen Zeitpunkt beherbergte die Wohnung etwa zehn Frauen. Silvana spricht eine Muttersprache, die für viele der hier betreuten Frauen relevant ist. „Ich war so stolz, wie ich diese Arbeit bekommen habe", erinnert sie sich. Die Dienste leistete sie allein, im Wechseldienst. Mal Tag-, dann Nachtdienste, die bis zu zwölf Stunden lang waren. Letztlich nicht mit Kindern vereinbar, nimmt sie einen der Gründe vorweg, warum sie nach ein paar Jahren wieder aufgehört hat. „Wir haben allein Teilzeit im Radldienst gearbeitet. Einige Dienste, sowohl Tag- als auch Nachtdienste, auch die Begleitungen, konnten nur durch Praktikantinnen und Freiwillige abgedeckt werden. Die allein in einem Zwölf-Stunden-Dienst zu lassen, fand ich, na ja, bedenklich."

Denn die Aufgaben sind herausfordernd: Neben den üblichen Aufgaben einer Wohnbetreuung, wie gemeinsamem Einkaufen mit den Bewohnerinnen, Kontrolle der Hygiene in der Wohnung, Koordination der Termine der Klientinnen, Krisenintervention und Konfliktmanagement, müssen die Mitarbeiterinnen die Frauen, die in einer solchen Schutzunterkunft Zuflucht finden, besonders intensiv betreuen. „Sie sind schwer traumatisiert, manche chronisch oder schwer krank. Manche sind schwanger oder haben Kinder, die auch traumatisiert sind. Vor allem in der Anfangsphase, bis sie sich stabilisiert haben, darf man sie gar nicht allein lassen, auch, um die Rückkehr zu den Gewalttätern wenn möglich zu verhindern", erzählt Silvana. In der Schutzwohnung wird sichergestellt, dass immer eine Ansprechpartnerin vor Ort ist, die bei psychischen Krisen einschreiten kann und die darauf achtet, dass die Klientinnen zur Therapie, zur Rechtsberatung oder zur Ärztin gehen. Sowieso wird gemeinsam gekocht, werden Streitigkeiten in den Zimmern geschlichtet, und es wird an die Medikamenteneinnahme erinnert (die meisten Klientinnen nehmen schwere Beruhigungs- und Schlafmittel). Krisen sind häufig. Manche Frauen haben psychische Erkrankungen, erleben Flashbacks, suchen die Betreuerin mitten in der Nacht auf. „Dann sitzt du mit einer weinenden Frau da, deren Muttersprache du nicht verstehst, oder eine Frau ist wie gelähmt, kann aus psychischen Gründen nicht atmen, und du musst entscheiden, ob du die Rettung rufst oder nicht", erinnert sich Silvana.

In solchen Krisen und bei unzähligen Gesprächen bemühen sich die Betreuerinnen immer wieder, den Klientinnen Hoffnung zu geben, sie zu bestärken: „Wir sagen ihnen, schau, ich war auch schon ganz am Boden, das liegt hinter uns. Schau nach vorne", erzählt Silvana. „Wir sind keine Therapeutinnen. Wir müssen die Klientinnen akut aus Krisen rausholen, keine Themen aufmachen, die wir nicht schließen können." Die Frauen haben Furchtbares erlebt, ruft sie in Erinnerung, und einige wollen ihre Erlebnisse auch teilen. „Das ist wie ein schlechter Horrorfilm." Die Frage zum Thema Abgrenzung bringt Silvana zum Lachen. Wie sich abgrenzen von einer Klientin, die gerade einen Weinkrampf hat? Vor allem, wenn sprachlich keine Verständigung möglich ist, gilt es auch zu umarmen, zu streicheln, „zu vermitteln: Du bist nicht allein". Silvana überlegt. „Dann erzählst du auch Dinge, die du selbst erlebt hast, eigentlich ziehst du dich aus, stehst nackt da."

Die Beziehung, das Vertrauensverhältnis zu ihren Klientinnen, die Bedeutsamkeit ihrer Tätigkeit hat Silvana diese Arbeit mehrere Jahre lang machen lassen. Sie erinnert sich sehr gern an alltägliche Situationen mit den Klientinnen, beim Essen oder Fernschauen oder Plaudern. Vertrauen und Wohlwollen vonseiten der Klientinnen waren stark zu spüren und motivierten sie immer wieder weiterzumachen. Doch der Wechsel zwischen Tag- und Nachtdienst setzte ihr sehr zu. „Nachts schlafen war unmöglich, ich war dort immer nachts wach aus Sorge um die Klientinnen und weil ich nicht gern nur stückweise ein paar Stunden schlafe. Da war es einfacher, wach zu bleiben." Die Dienste waren psychisch sehr anstrengend. Der Austausch mit den Kolleginnen im Betreuungsteam war ihr sehr wichtig, doch da sie allein im Dienst war, kam dieser nicht oft genug zustande. Die Bezahlung in dem Verein, für den Silvana tätig war, lag weit unter dem üblichen Durchschnitt. Trotz des Engagements der Leitung sowie der Mitarbeiterinnen ließ das Budget keine besseren Rahmenbedingungen zu. „Kein Wunder, dass sich die Krankenstände häuften und Kolleginnen immer wieder im Burn-out gelandet sind", fasst sie zusammen. „Ohne Praktikantinnen ging nichts, aber ohne Psychohygiene und bessere Arbeitsbedingungen für die Hauptamtlichen auch nicht."

Silvana arbeitete mit der steten Sorge, dass eines Tages etwas passiert. Sie rechnete durchaus mit Selbstmord von Klientinnen oder „dass eines Tages ein Mann die Adresse findet und eine Frau umbringt". Sie erlebte ein paar Selbstmordversuche mit (glücklicherweise blieb es bei den Versuchen). Auf jeden Fall, resümiert Silvana, sollten in der Notwohnung mehr Betreuerinnen vor Ort sein. Mindestens zwei. Lücken im Dienstplan durch Praktikantinnen und Freiwillige zu schließen, sieht sie als gefährlich an. Die Bezahlung muss unbedingt erhöht werden: „Da arbeiten sich Frauen ins Burn-out zu dermaßen undankbaren Bedingungen!"

Auch der Punkt der Psychohygiene bringt sie nach wie vor in Rage.[1] In den Sozialberufen gehören üblicherweise Supervision und Intervision, weiters manchmal Angebote wie Sport und Fitness, Yoga und Meditation, Gruppenaktivitäten und Maßnahmen zum Teambuilding zu solchen Maßnahmen der Psychohygiene. Erfahrene BetreuerInnen entwickeln eigene Strategien, wie sie in ihrer Freizeit zur persönlichen Psychohygiene beitragen können. Viele MitarbeiterInnen von Betreuungseinrichtungen machen jedoch wie Silvana die Erfahrung, dass Supervision nicht zielführend (da zu selten oder unter Anwesenheit der Leitung) ist oder dass sie gerne mal übersprungen wird, da ohnehin nicht genug Zeit für die alltäglichen Aufgaben verfügbar ist, und dass für sonstige oben genannte Maßnahmen kein Budget vorhanden ist. „Helfen würde schon, wenn man rechtzeitig

1 Unter Psychohygiene lassen sich „alle präventiven Maßnahmen" zusammenfassen, die „einer Person helfen, mit den aktuellen Belastungen des Alltags besser umzugehen, und die damit der Förderung der seelisch-körperlichen Gesundheit dienen" (Kulbe 2009: 175).

heimgehen kann oder nicht alles allein im Dienst machen muss, wenn man sich absprechen kann mit anderen Kolleginnen", meint Silvana. Auch kürzere Dienste würden dazu führen, in der Freizeit besser abschalten zu können. Hätte sie mehr verdient, meint Silvana, hätte sie sich Einzelsupervision oder Therapie geleistet, um den Stress im Dienst „verdauen zu können".

Silvana hat oft miterlebt, wie Klientinnen in ihrer Schutzeinrichtung zur Ruhe gekommen sind und sich mithilfe der bestehenden Angebote in Wien ein neues Leben aufbauen konnten. Sie hat auch miterlebt, dass Klientinnen zu den Gewalttätern zurückgekehrt sind. Immer wieder überrascht hat sie die Resilienz[2] der Frauen und vor allem der Kinder, die in Schutzeinrichtungen untergebracht sind: „Wenn mir so was passieren würde, wäre ich jahrelang auf schweren Beruhigungsmitteln", überlegt sie. „Andererseits kann man das nie sagen, wie man selbst drauf wäre in so einer Lage. Das weiß man wirklich erst, wenn einem so was widerfährt. Wie kann man das schon wissen?"

Jedenfalls ist Silvana überzeugt davon, dass man einen solchen Betreuungsjob nicht langjährig machen kann, egal, wie gerne sie ihre Klientinnen unterstützt hat: „Das nimmt mit." Auch Vollzeit hätte sie nicht arbeiten wollen: „Dreißig Stunden, und ich war fix und fertig", erinnert sie sich. Die Fluktuation im Team war groß, viele Kolleginnen sahen es ähnlich wie sie. Silvana beendet das Gespräch mit einem pessimistischen Ausblick: Frauenpolitische Themen gehen im politischen Tagesgeschehen unter. Es braucht viel mehr Betreuungsplätze, viel mehr Budget für Betreuerinnen und viel mehr Öffentlichkeitsarbeit, um Menschenhandel, Zwangsehe oder Gewalt in den eigenen vier Wänden zu bekämpfen und feministische Frauen- und Mädchenarbeit voranzutreiben. Doch stattdessen, meint sie, „schimpfen alle nur über die Flüchtlinge. Was wirklich wichtig ist, wird unter den Teppich gekehrt".

---

2 Resilienz bedeutet psychische Widerstandskraft, die Fähigkeit, schwierige Lebensumstände ohne anhaltende Beeinträchtigung zu überstehen.

Katharina, Flüchtlingsbetreuung

Adrenalinjunkies

Grundsätzlich kann in Betreuungsdiensten jederzeit alles passieren. Das Unvorhersehbare, die Vielfältigkeit des Alltags, die Spontaneität, mit der reagiert werden muss, machen für viele den Reiz des Berufs aus. So auch für Katharina, die vom Alltag in der Flüchtlingsbetreuung erzählt. Aufgrund der psychischen Ausnahmesituation, in der sich viele AsylwerberInnen befinden, den desolaten Zuständen, unter denen sie monate-, manchmal jahrelang leben, und den besonders prekären Arbeitsbedingungen im Flüchtlingsbereich kommt es häufig zu Extremsituationen. In einem Flüchtlingsquartier müssen Tag für Tag Anliegen der BewohnerInnen bearbeitet, Deutschkurse gesucht, Termine koordiniert, Lebensmittel und Kleidung ausgegeben, der Putzplan kontrolliert, Freiwillige angeleitet, E-Mails und Telefonanrufe beantwortet oder Spenden entgegengenommen werden. Es wird zusammen gelacht, gespielt oder gegessen, Deutsch gelernt, ein Fest gefeiert oder einfach das Haus geputzt. Doch innerhalb von wenigen Stunden kann es auch passieren, dass ein/e KlientIn mit einem positiven oder negativen Asylbescheid zur/zum BetreuerIn kommt, um die Emotionen über den Bescheid zu teilen; dass die Rettung wegen schwerer Erkrankungen wie Lungenentzündung, Bauchspeicheldrüsenentzündung, epileptischen Anfällen oder auch offener Tuberkulose gerufen werden muss; dass Beamte bzw. Beamtinnen vorbeikommen, um Kontrollen durchzuführen, Festnahmen oder Abschiebungen vorzunehmen; dass zwischen BewohnerInnen geschlichtet werden muss – manchmal ein banaler und alltäglicher Streit, manchmal gewalttätige Eskalationen; dass bei psychischen Krisen Beistand geleistet werden muss. „Interessanterweise passiert oft alles auf einmal“, lacht Katharina. Auf Nachfragen, wie sie mit den häufigen stressigen Situationen zurechtkommt, antwortet sie sofort: „BetreuerInnen leben für solche Momente. Wir sind Adrenalinjunkies.“

Natürlich ist ihre Aussage mit einer Prise Sarkasmus zu nehmen. Tatsächlich aber ist es die Vielfalt von Aufgaben, das Unvorhersehbare in jedem Dienst, die Notwendigkeit, in den chaotischsten Situationen einen kühlen Kopf zu bewahren, was Katharina an ihrer Arbeit gefällt. Etwa fünf Jahre hat die Sozialwissenschafterin in verschiedenen Flüchtlingsprojekten gearbeitet, hauptsächlich in der Betreuung. Die Arbeit mit den KlientInnen begeistert sie nach wie vor, doch die Arbeitsbedingungen haben sie letztendlich zum Kündigen bewogen. Gekennzeichnet sind diese Arbeitsbedingungen – wahrscheinlich mehr als alle anderen Bereiche – durch Unterbesetzung und daraus resultierender Überbelastung, schlecht qualifizierte MitarbeiterInnen und eine katastrophale Versorgungslage der KlientInnen.

Weltweit befinden sich 68,5 Millionen Menschen auf der Flucht (UNHCR o. A.). Die Mehrzahl von ihnen verlässt ihren Herkunftsstaat nicht, sondern sucht in anderen Landesteilen Schutz bzw. fristet ihr Dasein in Lagern für sogenannte Binnenvertriebene. Da sich kein anderer Staat um den Schutz von Personen kümmert, die als StaatsbürgerInnen in ihrem eigenen Staat festsitzen, ist die Lage von Binnenvertriebenen oft weitaus schlimmer als die von Flüchtlingen. Wer es über die Landesgrenzen hinaus schafft und in einem anderen Staat einen Asylantrag stellt, ist somit Asylsuchende/r bzw. AsylwerberIn. Nur, wessen Asylantrag positiv beschieden wird, ist anerkannter Flüchtling. Eine weitere Kategorie bilden Staatenlose, die weltweit 10 Millionen ausmachen und über noch weniger Rechte verfügen als AsylwerberInnen. 85 % der geflüchteten Menschen werden in Ländern des Globalen Südens wie Pakistan, Iran oder Uganda aufgenommen (ebd.). Viel ärmere Länder kümmern sich um unverhältnismäßig viel mehr Geflüchtete als die reichen Staaten der EU, in die verhältnismäßig wenige Geflüchtete vordringen.

Die meisten Menschen, die in Österreich um Asyl ansuchen, stammen aus den Krisengebieten Syrien, Afghanistan, Irak, Iran und Tschetschenien, während global gesehen die meisten Flüchtlinge oder Asylsuchenden aus Syrien, Afghanistan und Südsudan stammen (ebd.). Während 2010 in Österreich die Zahl von Asylanträgen mit 11.012 (was einem monatlichen Durchschnitt von weniger als 1.000 Anträgen entspricht) niedriger war als in allen anderen auf den Tschetschenienkrieg folgenden Jahren, stieg diese Zahl auf 28.064 Anträge im Jahr 2014 an und erreichte 2015 mit 88.340 ihren Höhepunkt (BMI 2018). Auch die Anträge von 2015 machen immer noch nur etwa die Hälfte der Zahlen aus, die dem Prager Frühling folgten bzw. liegen noch immer um fast 100.000 unter der Anzahl von Asylanträgen zur Zeit des Ungarischen Volksaufstandes. 2016 ging die Zahl auf 42.285 zurück, und 2018 lag sie wieder bei 13.746 (ebd.). Zahlen für 2019 besagen, dass nur 1.018 Personen im Jänner, 877 im Februar und 986 im März Asylanträge stellen konnten (BMI 2019a). Die Anzahl der Asylanträge in Österreich ist derzeit folglich unter dem langjährigen Niveau. Seit 2015 sind unter den Neuanträgen auch besonders viele Anträge von Frauen.

Hinter dem massiven Anstieg der Flüchtlingszahlen 2015 standen vier Jahre blutiger Bürgerkrieg in Syrien, die einkehrende Gewissheit, dass dieser Krieg so schnell nicht enden wird, sowie Jahrzehnte des Krieges, der Armut und der instabilen Sicherheitslage in Afghanistan und im Irak. Zwar hat sich die Sicherheitslage in den Herkunftsländern kaum verbessert, doch hat die restriktive europäische Flüchtlingspolitik der letzten Jahre für ein massives Zurückgehen der Anzahl der Asylanträge bzw. für eine Verlagerung der Tragödie an die EU-Außengrenzen und in kooperierende Anrainerstaaten am Mittelmeer gesorgt. 2015 gestaltete sich die Lage jedoch für wenige Monate anders. Tausende Menschen nutzten die Gelegenheit, um auf der sogenannten Balkanroute in die EU, bevorzugt nach Schweden, Deutschland oder Österreich zu gelangen, um in der Hoffnung auf Schutz, Frieden und Stabilität einen Asylantrag zu stellen.

Die AntragstellerInnen, die auf ihren Bescheid warten, befinden sich in Wien in der sogenannten Grundversorgung. Grundversorgte Menschen machen mit 15.040 Personen in Wien kaum 1 % der Bevölkerung aus.[1] Die Wiener Grundversorgung umfasst für privat wohnende Geflüchtete einen Mietzuschuss (150 Euro pro Monat für Einzelpersonen, maximal 300 Euro für Familien) und Verpflegungsgeld (215 Euro monatlich für Erwachsene, 100 Euro für Minderjährige, maximal 215 Euro für unbegleitete minderjährige Flüchtlinge) (FSW o. A.). In betreuten Quartieren untergebrachte Geflüchtete müssen, sofern das Essen nicht von den Quartieren zur Verfügung gestellt wird, mit Verpflegungsgeld im Wert von 5,50 Euro pro Tag, 40 Euro Taschengeld pro Monat und 10 Euro Freizeitgeld auskommen (ebd.). Der Großteil der Grundversorgten wohnt mittlerweile privat. Im Herbst 2015 – der Winter stand vor der Tür – stellte die Unterbringung Zehntausender wohnungsloser Geflüchteter staatliche Organisationen und NGOs vor eine Herausforderung.

Die Unterbringung und Betreuung von Geflüchteten wurde 2015 und in den folgenden Jahren hauptsächlich von Nichtregierungsorganisationen und privaten Vereinen, viele davon spontan gegründet, übernommen. Die Anzahl von Notquartieren, Flüchtlingsheimen und WGs, die unbegleitete minderjährige Flüchtlinge aufnahmen, stieg – ebenso wie die Anzahl von MitarbeiterInnen in den diversen Vereinen und Organisationen – steil an (die Notquartiere wurden bis 2018 allesamt wieder geschlossen, was auch wieder mit einem dementsprechenden Personalabbau einherging). Hunderte neu zu besetzende Stellen in der Flüchtlingsberatung und -betreuung wurden ausgeschrieben. „Zuvor gab es wirklich wenig Stellen in diesem Bereich. Gut qualifizierte Leute mussten um die freien Stellen buhlen. In diesem Winter änderte sich das“, erinnert sich Katharina. Alle größeren Hilfsorganisationen in der Flüchtlingshilfe und Katastrophenhilfe, sei es das Wiener Rote Kreuz, das Hilfswerk, der ASBÖ, die Johan-

1 In Grundversorgung sind AsylwerberInnen bis zum rechtskräftigen Abschluss ihres Verfahrens; Asylberechtigte während der ersten vier Monate nach der Anerkennung; subsidiär Schutzberechtigte, die nicht beim AMS gemeldet sind; Personen mit rechtskräftig negativem Ausgang des Asylverfahrens und ohne Aufenthaltsrecht, wenn sie nicht abschiebbar sind (FSW o. A.).

niter oder Obdach Wien, das Tochterunternehmen des FSW selbst, eröffneten Notquartiere mit Hunderten von Plätzen, aber auch kleinere Vereine und Organisationen stellten Schlaf- und Wohnplätze zur Verfügung. Katharina lernte eine Vielzahl von Flüchtlingsprojekten kennen und arbeitete sowohl in einem Notquartier als auch in einem Wohnprojekt zur langfristigen Beherbergung wohnungsloser Geflüchteter mit.

Als positive Ausnahme in der Flüchtlingsunterbringung nennt Katharina das Notquartier, in dem sie unmittelbar nach der Ankunft Zehntausender Geflüchteter im Herbst 2015 arbeitete. Die Organisation, die es betrieb, kommt eigentlich aus der Wohnungslosenhilfe und hat deswegen Erfahrung in der Unterbringung akut obdachloser Menschen. Das Notquartier war klein und gut im Bezirk integriert. Ein nicht unwesentlicher Auftrag an das Betreuungsteam war die Zusammenarbeit mit lokalen Initiativen und die Vernetzung der Einrichtung im Grätzel. Der Betreuungsschlüssel war mit 1:40 im Vergleich zu anderen Notquartieren auch nicht überfordernd, sogar einen Zivildiener hatte Katharina immer wieder im Dienst zur Seite. Katharina erinnert sich: „Das Wichtigste war die gute Zusammenarbeit im Team. Die Atmosphäre im Haus war sehr angenehm, das fiel allen auf, die zu uns kamen, den BewohnerInnen, Freiwilligen oder NachbarInnen, die einfach mal reinschauen wollten.“ Die Bezahlung war fair, es gab eine Trennung zwischen Tag- und Nachtdienst-Teams, was einer Störung des Schlafrhythmus vorbeugte. Regelmäßige Teambesprechungen und Supervision waren selbstverständlich. Das interdisziplinäre Team hielt grundsätzlich zusammen und unterstützte sich, wo möglich. Die Arbeit begeisterte, verausgabte auch, da immer viel zu tun war. Etliche der MitarbeiterInnen leisteten freiwillig viele Überstunden. „Das Projekt war unser Baby, wir haben viel Energie investiert und alles dafür gegeben, dass die Einrichtung gut betreut ist. Für einen überschaubaren Zeitraum war das schaffbar“, resümiert sie. „Ich erinnere mich auch Jahre später noch gern daran.“ In krassem Gegensatz dazu stehen Katharinas Erfahrungen, die sie in anderen Flüchtlingsprojekten gemacht hat.

„Ich weiß nicht, was ich zuerst bemängeln soll", erzählt sie. „Zunächst die unglaubliche Unterbesetzung." Zuletzt war sie in einem Projekt tätig, in dem sie monatelang für bis zu 300 KlientInnen allein verantwortlich war. „An sich war der Betreuungsschlüssel 1:130 oder 150, doch ist die andere Stelle nicht besetzt oder die Kollegin im Krankenstand oder auf Urlaub, ist man schnell für bis zu 300 Leute allein verantwortlich." Katharina arbeitete hoch fokussiert, teilweise ohne auch nur ans Wassertrinken zu denken, ein KlientInnengespräch folgte auf das andere, eine Begleitung der anderen. Bei akuten Krisen oder Notfällen war sie bis zu 15 Stunden im Dienst, obwohl an sich „Büroarbeitszeiten von 9.00–17.00 Uhr galten". Manchmal kam sie auf bis zu 55 Wochenstunden. Im Gegensatz zur zuvor besprochenen Stelle, wo die Überstunden durch die Anerkennung und den Schwung, der in Diensten zustande kommen kann, kompensiert wurden, wurden hier die Überstunden durch nichts wettgemacht.

Ein hoher Betreuungsschlüssel ist in Flüchtlingsquartieren üblich. Im Zuge der Überbelegung von Notquartieren war es in den Monaten, die dem Winter 2015/2016 folgten, keine Seltenheit, dass BetreuerInnen mit 300 KlientInnen allein im Dienst waren, was allerdings der damaligen Ausnahmesituation zuzuschreiben war. Nur in wenigen Einrichtungen ist es üblich, auch nach Abbau der Notquartiere und Extrabetten im Alltag für dermaßen viele KlientInnen zuständig zu sein, wie es Katharina in diesem Wohnprojekt war. „Von Betreuung kann da keine Rede mehr sein", meint Katharina. „Einen dermaßen schlechten Betreuungsschlüssel gibt es sonst in keinem Bereich." Hinzu kommt, dass BetreuerInnen in Flüchtlingsquartieren weitaus mehr als nur die Betreuung abdecken. Das Abklären von Ansprüchen, Ausfüllen von Anträgen, Vorbereiten von Einvernahmen und Koordinieren von Terminen, das in anderen Bereichen eher von SozialarbeiterInnen übernommen wird, fällt in vielen Flüchtlingsquartieren auf die BetreuerInnen zurück.

Das andere massive Problem, unter dem die Qualität in vielen Einrichtungen leidet, beruht auf der Entscheidung so vieler Hilfsorganisationen, nach 2015 in erster Linie Personen mit relevanten Muttersprachen wie Arabisch oder Farsi, jedoch ohne sonstige einschlägige Qualifikationen anzustellen. Selbstverständlich übernehmen Personen, die die Muttersprachen der KlientInnen sprechen, eine wichtige Funktion. Sie können als VermittlerInnen dienen, als DolmetscherInnen, nicht nur im sprachlichen Sinne, sondern auch zwischen den Kulturen. Doch die Muttersprache allein reicht nicht. Wissen und Erfahrung, Empathie, Wertschätzung, Abgrenzungsfähigkeit, Durchsetzungsvermögen, Toleranz und Interesse an der Arbeit an sich, vor allem an Menschen in besonders schwierigen Lagen, können nicht durch Muttersprache allein ersetzt werden. Doch nach 2015, erzählt Katharina, zählten plötzlich nicht mehr Ausbildung oder Berufserfahrung, sondern vor allem Sprachkenntnisse oder einfach die Bereitschaft, rasch für die neu geschaffenen Stellen verfügbar zu sein. „Das führte dazu, dass plötzlich jemand allein im Dienst mit chronisch kranken, mit psychisch kranken, mit schwer traumatisierten Menschen ist und natürlich maßlos überfordert ist, oder dass jemand einen Job macht, der ihn eigentlich nicht interessiert oder für den er nicht geeignet ist, aber die Stelle ist halt besser bezahlt oder war leicht zu bekommen."

Überforderung und Frustration, so hat es Katharina miterlebt, haben zur Folge, dass auch kein gutes Verhältnis zwischen den BetreuerInnen und den KlientInnen zustande kommt. Vertrauen, Grundvoraussetzung für jedes Betreuungsverhältnis, ist nicht vorhanden, die KlientInnen meiden die BetreuerInnen und suchen sie nicht auf. So kommt oft die absurde, bereits von Betreuerin Kim thematisierte Situation zustande, dass sich zwar viel zu wenige BetreuerInnen um viel zu viele KlientInnen kümmern, die KlientInnen aber die Betreuung nicht mehr in Anspruch nehmen oder sich nur an eine/n BetreuerIn ihres Vertrauens wenden: Überarbeitung auf der einen, Frust auf der anderen Seite, was natürlich auch Auswirkungen auf das Klima im

Team hat. „Ich habe Intrigen miterlebt, die an Mobbing grenzen oder die eigentlich Mobbing darstellen", erinnert sich Katharina, „das ist darauf zurückzuführen, wenn die falschen Menschen am falschen Ort arbeiten." Schutz durch die Leitung ist in vielen Organisationen keine Selbstverständlichkeit, obwohl dies eigentlich die wichtigste Aufgabe der Leitung wäre. Auch Katharina hat diesbezüglich häufig nur die Hilflosigkeit oder das Desinteresse der Leitung beobachtet. Gewalt in Form von Mobbing ist ein nicht zu unterschätzendes Problem im Sozialbereich, auf das auch ExpertInnen hinweisen und gegen das nicht genug unternommen wird (Erdemgil-Brandstätter 2009).

Mangelnder Zusammenhalt im Team führte dazu, dass Katharina ihre letzte Stelle aufgab und letztlich den Flüchtlingsbereich verließ, egal, wie sehr sie die Arbeit mit den KlientInnen schätzte: „Es kam mir vor wie absolute Vogelfreiheit, jeder kann machen, was er oder sie will. Qualität in der Betreuung ist der Geschäftsführung absolut gleichgültig. Egal, wie sehr man sich engagiert, letztlich gibt es keine Unterstützung durch die Leitung, aber eine Spielwiese für KollegInnen, die von inhaltlicher Arbeit oder Beziehungsarbeit keine Ahnung haben und sich auf Kosten anderer in der Arbeit unterhalten wollen." Katharina ist sicher, dass derlei Zustände in anderen Bereichen wie der Jugendhilfe oder Behindertenbetreuung nie und nimmer geduldet würden. „Die meisten anderen Bereiche in der Sozialbetreuung haben Auflagen, welcher Art auch immer. In der Flüchtlingshilfe sind wir massiver Unterbesetzung, mangelnder Qualifikation der MitarbeiterInnen und extremer Unterversorgung der KlientInnen ausgesetzt. Aber wie es Flüchtlingen geht, interessiert niemanden."

Dabei wären gerade in der Flüchtlingsarbeit qualifiziertes Personal und ein guter Betreuungsschlüssel wichtig. Das Einzige, was „Flüchtlinge" eigentlich miteinander verbindet, ist letztlich ihr Aufenthaltsstatus. In Flüchtlingseinrichtungen wohnen Alte und Junge, Kranke und Gesunde, AkademikerInnen und AnalphabetInnen aus verschiedensten Herkunftsländern. Diese

Diversität gefiel Katharina an der Arbeit im Flüchtlingsbereich sehr. Man lernt verschiedene Kulturen, verschiedenste Problemlagen kennen. Die Probleme und Anliegen der KlientInnen sind sehr unterschiedlich; was sie eint, ist die Ungewissheit bezüglich ihres Aufenthaltsstatus und der quälende Ablauf des Asylverfahrens. „Ansonsten kann es passieren, dass man einen jungen Iraker neben einem älteren Nigerianer hat, der Iraker hat gerade Asyl erhalten, ist motiviert und kann schon gut Deutsch. Der Nigerianer ist schizophren, hat ein Alkoholproblem und wartet seit elf Jahren auf seinen Asylbescheid." Gerade für solche Fälle benötigt es dringend qualifizierter BetreuerInnen, die auch die Zeit haben, sich um solche KlientInnen zu kümmern. Katharina arbeitet sehr gerne mit herausfordernden Fällen. Doch irgendwann hat es auch ihr gereicht. Ihre psychische Gesundheit stellte sie letztlich über ihre KlientInnen.

Die Zustände in den Einrichtungen, die Katharina in den letzten Jahren kennengelernt hat, zeugen von der extremen Unterversorgung von Menschen, die ohnehin ein schweres Leben hatten. Dass es auch anders geht, weiß sie aus eigener Erfahrung. „Ich habe gesehen, wie viel weitergeht, wenn das Team gut zusammenhält, die Kommunikation mit dem Grätzel funktioniert und ein Quartier als kleine Einrichtung organisiert ist", erzählt sie. „Eigentlich ist viel machbar in diesem Bereich, bei guter Betreuung können sich wunderschöne Erfolge und viel Entwicklung einstellen. Aber das geht bei dem Pensum nur, wenn man im Team unterstützt wird und sich wenigstens aussprechen kann." Wenn Freiwillige gern ins Haus kommen, die Asylsuchenden zu Sport und zum Deutschlernen motivieren. Wenn KollegInnen miteinander Rücksprache halten und sich gegenseitig unterstützen. Wenn ein Klient, der nach Monaten im Zelt nun in einem Notquartier erstversorgt wird, erzählt: „Das ist das erste Mal, dass ich in Europa menschlich behandelt werde."

Julia, Jugendbetreuung, offene Jugendarbeit

Ein Tropfen auf dem heißen Stein

Von einem regelrechten Adrenalinrausch in den Diensten kann auch Julia erzählen, die in einem Jugendzentrum in der offenen Jugendarbeit als Betreuerin arbeitet. Ihre Dienste gehen mit einer dermaßen hohen Reizüberflutung einher, dass sie danach „oft die halbe Nacht braucht, um runterzukommen". Wie in der offenen Jugendarbeit üblich, beginnen die meisten Dienste erst nachmittags und enden um 21.00 Uhr, manchmal auch später. Nach der Nachbesprechung der Geschehnisse und der Probleme der Jugendlichen und dem Zusammenräumen ist es oft nach 22.00 Uhr, wenn sie nach Hause geht. Die Lichter, der Zigarettenrauch und vor allem der Lärm im Jugendzentrum füllen ihr noch stundenlang den Kopf.

Jugendzentren stellen Kindern und Jugendlichen einen Raum zur Verfügung, wo sie sich kostenlos aufhalten, sich beschäftigen und austauschen können und mit BetreuerInnen spielen, Probleme besprechen oder Lebensläufe erstellen können. Üblicherweise kommen Jugendliche, die keine finanziellen Mittel für andere Aktivitäten haben, in Jugendzentren. Jugendzentren zeugen von Kinderarmut im reichen Österreich: Jeder siebente Mensch ist von Armut betroffen, das entspricht 1,2 Millionen Menschen (Caritas o. A.). Die Gruppe der Unter-19-Jährigen ist hier neben Frauen und PensionistInnen besonders gefährdet. 324.000 Kinder und Jugendliche sind armutsgefährdet, was sich auf die gesundheitliche Lage, die soziale Integration, die kulturelle Teilhabe und Grundbedürfnisse wie Wohnen, Essen und Kleidung auswirkt (Volkshilfe o. A.). Für Kinder und Jugendliche bedeutet das weniger Taschengeld, weniger Möglichkeiten, ins Kino oder mit FreundInnen etwas trinken zu gehen, weniger Budget für Nachhilfe, Lernbetreuung oder Kinderbetreuung, weniger Spielzeug, weniger gesundes Essen und generell weniger Möglichkeiten.

Die MitarbeiterInnen der offenen Jugendarbeit bemühen sich, den Kindern und Jugendlichen Aktivitäten anzubieten, die möglichst kostenlos sind und dennoch Spaß machen. Es gibt offene, aufsuchende und mobile Angebote, eine Vielzahl von Beratungsstellen für verschiedenste Bereiche wie Recht, Freizeit, Gesundheit, Bildung, Gewalt, Sexualität u.v.m., Einrichtungen für Freizeitbetreuung, Lernbetreuung etc. Im Jugendzentrum, in dem Julia arbeitet, wird regelmäßig ein abwechslungsreiches Programm für die BesucherInnen zusammengestellt: Mädchenabende, sportliche oder künstlerische Aktivitäten, Workshops, Ausflüge. Die MitarbeiterInnen des Jugendzentrums sind versiert in den Themenbereichen, die für ihre KlientInnen relevant sind: Jugendrecht, Gesundheit, Sexualität, Bildung, Arbeitssuche, Gewalt, auch Obdachlosigkeit. Kaum ein Thema, mit dem man im Laufe der Zeit hier nicht in Verbindung kommt.

„Ganz wichtig sind die Themen Arbeitssuche und Weiterbildung", meint Julia. Einen Gutteil der Zeit verbringt sie mit dem Schreiben von Lebensläufen und der Unterstützung der KlientInnen bei der Job- oder Lehrstellensuche. Die NutzerInnen des Jugendzentrums sind, „was die Gesellschaft gern bildungsfern und arm nennt", erzählt sie. „Diejenigen, die es sich leisten können, verbringen ihre Freizeit ohnehin eher woanders. Wer regelmäßig ins Jugendzentrum kommt, hat oft keine anderen finanziellen Möglichkeiten und nutzt den kostenlosen Sozialraum." Früher am Nachmittag treffen die jüngeren BesucherInnen, Buben und Mädchen von etwa zehn bis 13 Jahren, ein. Sie wollen vor allem spielen und brauchen Hilfe bei der Hausübung. Später am Abend kommen die älteren BesucherInnen. Sie sind bis zu 23 Jahre alt. Bei den etwa 15-Jährigen, einer Altersgruppe, die besonders stark im Jugendzentrum vertreten ist, spielt die Lehrstellen- oder Arbeitssuche eine große Rolle. Die wenigsten besuchen nach dem Polytechnischen Lehrgang eine weiterführende Schule.

„Einerseits schockiert mich, wie die klassischen Gender-Klischees bei den Jugendlichen ausgeprägt sind. Mädchen glauben, sie können die Kindergartenschule besuchen oder Friseurin werden. Burschen wollen fast alle KFZ-Mechaniker oder vielleicht noch Techniker werden. Aber abseits dieser Rollenklischees haben die Jugendlichen eigentlich kaum Infos, was sie sonst noch machen könnten oder was eigentlich ihre Talente sind", erzählt Julia. Andererseits, führt sie aus, ist erschreckend, wie niedrig das Allgemeinwissen von Jugendlichen mit Pflichtschulabschluss ist und wie lange sie dann auf der Suche nach einem weiterführenden Weg, sei es Lehrstelle, Ausbildung oder Job sind. „Die Jugendlichen kommen aus der NMS oder dem Poly und tun sich schwer mit Lesen oder Grundrechnungsarten. Ganz zu schweigen von Fertigkeiten, wie beim Vorstellungsgespräch die Hand schütteln, das Kapperl abnehmen." Solche Kulturtechniken übt Julia wieder und wieder mit ihren KlientInnen, wenn sie ein Vorstellungsgespräch haben. „Die Frustration ist sehr hoch. Es ist sehr schwierig, einen Siebzehnjährigen zu motivieren, zum zehnten Vorstellungsgespräch zu gehen, wenn er seit zwei Jahren zu Hause sitzt und nichts tut."

Die Jugendarbeiterin beobachtet im Alltag, was internationale Studien belegen: Bildung ist in Österreich aufgrund des reformresistenten Schulsystems nach wie vor ein Gut, das mehr oder weniger vom Bildungsstatus der Eltern, vom Grad, zu dem die Eltern engagiert und informiert sind, was die Bildungswege betrifft, und von den Möglichkeiten der Eltern, was die Förderung der Kinder und der damit einhergehenden Schulform betrifft, abhängt: „In Österreich sind die Hürden für Kinder aus bildungsfernen Schichten dagegen vergleichsweise hoch und die soziale Mobilität gering" (Mittelstaedt 2018). Vor allem Kinder und Jugendliche mit Migrationshintergrund und Mädchen sind im Bildungssystem und bei der Berufswahl benachteiligt (OECD 2018).

Julia veranschaulicht verschiedene Faktoren, die den Weg ihrer KlientInnen noch schwieriger machen. „Rassismus ist ein großes Problem", erzählt sie: „Bewirbt sich ein Jugendlicher mit türkischem oder afghanischem Namen und guten Noten um eine

Stelle, erhält er im Normalfall nicht mal eine Antwort. Bewirbt sich ein klassisch österreichischer Name um dieselbe Stelle, erhält er eher einen Termin, auch wenn sein Abschlusszeugnis viel schlechter ist." Mädchen mit Kopftuch haben ihrer Erfahrung nach die größten Schwierigkeiten, eine Stelle zu finden. Das andere Thema ist die Verteilungsungleichheit, die Armut, die die jungen Menschen benachteiligt. Julia beobachtet tagein, tagaus das wohl bekannte Phänomen, wie sich Bildung noch immer vererbt: „Eltern mit schlechter Ausbildung in klassischen, schlecht bezahlten oder Hilfsarbeiter-Jobs sind oft selbst nicht informiert oder nach der Arbeit zu fertig, um sich um das Weiterkommen ihrer Kinder zu kümmern. Sie können nicht bei den Hausübungen helfen oder Nachhilfe bezahlen. Genau diese Kinder sitzen dann mit 16 arbeitslos bei uns und wissen nicht, was tun." Gewalt, Drogen und psychische Probleme sind Folgeerscheinungen, die das Team im Jugendzentrum oft miterleben. „Natürlich experimentieren reiche Kinder auch mit Drogen. Jugendliche mit Lehrstelle oder weiterführender Schule trinken auch. Aber hier kommt einfach alles zusammen, Perspektivlosigkeit, Langeweile und der Versuch, sich in andere Sphären zu flüchten", resümiert die Betreuerin.

Sie empfindet die Arbeit, die sie im Jugendzentrum verrichtet, als Tropfen auf dem heißen Stein. Unermüdlich bemühen sich die BetreuerInnen bei jedem Jugendlichen, der die Räumlichkeiten regelmäßig aufsucht, eine Beziehung herzustellen, die vorrangigen Probleme zu identifizieren und hier zu unterstützen. Die Beziehung ist für die jungen Menschen von nicht zu unterschätzender Bedeutung. „Ich liebe diese Arbeit, weil ich sehen kann, welchen Unterschied ich mache. Die Jugendlichen lernen, Vertrauen aufzubauen, dass sie jemand annimmt, wie sie sind, dass jemand an ihnen interessiert ist", erkennt Julia. Diese Beziehungsarbeit findet sie unersetzlich, dennoch weist sie auf die strukturellen Mängel im österreichischen Bildungssystem hin. „Es ist nun mal ein massives Problem für Fünfzehnjährige, wenn sie ohne Perspektive dastehen. Alle JugendarbeiterInnen der Welt werden das nicht ändern. Erst ein Bildungssystem, das echte Perspektiven aufzeigt, wird das ändern", meint sie. Das frustriert immens. Nicht die „Hardcore-Fälle" von obdachlosen Jugendlichen oder von Mädchen, die von häuslicher Gewalt betroffen sind, halten sie nachts wach, „sondern der Fall von Ahmed, der keine Lehrstelle findet, nur weil er keinen österreichischen Namen hat", erzählt sie. „So alltägliche Ungerechtigkeiten im System, die man überall antrifft und die man so schnell nicht ändern kann. Den obdachlosen Jugendlichen kann ich in eine Notschlafstelle begleiten. Das Mädchen mit Gewalterfahrung an die Jugendhilfe verweisen. Aber der Ahmed wird auch bei allen Bemühungen noch in sechs Monaten eine Lehrstelle suchen."

Solche Problematik lässt die MitarbeiterInnen des Teams oft bis lange nach Dienstschluss zusammensitzen. „Die Arbeit im Team funktioniert wunderbar, anders wäre diese Arbeit nicht machbar", sagt Julia. Bei 40 oder 45 Jugendlichen, die sich manchmal zeitgleich in den Räumlichkeiten aufhalten, muss man sich aufeinander verlassen können: Die MitarbeiterInnen führen verschiedene Tätigkeiten in verschiedenen Ecken und Winkeln der Einrichtung aus, müssen den Überblick behalten, bei gewaltsamen Situationen deeskalieren „und immer alles im Blick haben". „Könnte ich mich nicht hundertprozentig auf die KollegInnen verlassen, könnte ich nicht konzentriert arbeiten." Das Verständnis im Team ist groß, man stützt sich gegenseitig, bespricht Fälle, arbeitet transparent. „Geheimnisse zwischen BetreuerInnen und KlientInnen oder Bevorzugung gibt es nicht", erzählt die 30-Jährige.

Trotz der guten Stimmung im Team und den guten Kontakten zu den KlientInnen ist die Fluktuation hoch. Die Reizüberflutung ist enorm. Es gibt wahnsinnig viel zu tun, ein Abend hier ist ermüdend. Die Jugendlichen wollen laute Musik hören, so wie in einer Disco, die meisten rauchen. Vor allem die ersten Jahre in der Kinder- oder Jugendarbeit ist man fast ständig krank, weil die BesucherInnen oft verkühlt oder krank sind. Aggressionen sind allgegenwärtig, oft bricht Gewalt aus. Schlägereien, die

Nasenbrüche oder Armbrüche zur Folge haben, sind schon vorgekommen. „Man muss erkennen, wo man noch einschreiten kann oder wo man sich besser nicht mehr dazwischenstellt", lacht Julia.

Angesichts der unterdurchschnittlichen Bezahlung („als Schuhverkäuferin verdiene ich dasselbe", kommentiert sie und weist damit auf die geringe finanzielle Anerkennung der Jugendarbeit hin) bleiben die meisten kaum mehr als ein bis zwei Jahre. Zwei Jahre ist Julia schon dabei. Da eine Aufstockung der Stunden nicht möglich ist und sie kaum 800 Euro verdient, bleibt ihr nichts anderes übrig, als sich Gedanken über die Zukunft zu machen. „Meine Zeit ist bald abgelaufen", meint sie. Schade, denn sie ist wirklich gerne hier.

Ali, Kinderbetreuung, Auslandsprojekt

Verbannung

Ein nicht strafmündiges Kind ohne österreichische Staatsbürgerschaft begeht ein Gewaltverbrechen und wird daraufhin ins Ausland geschickt. Nicht von der Familie, sondern von einem österreichischen Verein im Auftrag der Kinder- und Jugendhilfe. Dort bekommt es BetreuerInnen zur Seite gestellt, die ihm helfen, sich an seinem neuen Wohnort zurechtzufinden. Diese werden aus Österreich eingeflogen und wohnen mit dem Kind für eine begrenzte Zeitdauer weit weg vom sozialen Umfeld, in dem das Kind in Österreich straffällig geworden ist. Die BetreuerInnen müssen über keine einschlägige Qualifikation verfügen, wie sie innerhalb von Österreich normalerweise von der MA11 für die Arbeit in der Kinder- und Jugendhilfe vorausgesetzt wird. Wie lange das Kind im Ausland bleibt, ist nicht klar definiert, ebenso wenig, was es dort tun soll oder worin die Ziele der Betreuung im Ausland liegen.

So suspekt dieses Konzept bereits auf den ersten Blick erscheint, so hat es sich für Ali auch in der Umsetzung erwiesen. So suspekt, dass wir sehr darauf bedacht sind, dass weder der Verein, der Projekte solcherart initiiert, noch Ali, der davon berichtet, zu identifizieren sind. Wir halten Details, die Rückschlüsse zulassen könnten, kurz. Ali, der weiter oben vom Betreuungsalltag mit unbegleiteten minderjährigen Flüchtlingen unweit von Wien berichtet hat, bewarb sich, als in einer Ausschreibung nach EinzelbetreuerInnen für Kinder und Jugendliche gesucht wurde. Er hatte das Jonglieren mit mehreren Teilzeitjobs satt und war auf der Suche nach einem Vollzeitjob. Voraussetzung für die freie Stelle war keine von der MA11 anerkannte Ausbildung für die Arbeit mit Kindern,[1] sondern lediglich Berufserfahrung im

1 Solche vorgeschriebenen Quellenberufe sind normalerweise Sozialpädagogik, Sozialarbeit, Psychologie, Fachsozialbetreuung, Bildungswissenschaften oder auch Psychotherapie.

sozialpädagogischen Kontext. Davon hatte Ali reichlich, ebenso begeistert er sich grundsätzlich für neue Projekte. Also bewarb er sich, und die Stelle wurde dem gebürtigen Kurden angeboten. Arbeitsort: Türkei, ein Dorf in Anatolien. Auftrag: ein nicht strafmündiges Kind begleiten und vor Ort betreuen. Ali fand den Gedanken interessant, ein österreichisches Projekt in seinem Geburtsland aufzubauen. Die Stelle würde sich auch in seinem Lebenslauf interessant machen, dachte er. Er war gewillt, bald auszureisen, und akzeptierte einen freien Dienstvertrag für die versprochene 40-Stunden-Woche.

Nur wenige Wochen später landete er in der Türkei und fand sich in dem Dorf ein, wo nun auch das Kind, wir nennen es Mehmet, mitsamt seinem Vater und Onkel untergebracht war. Ali erhielt eine Unterkunft und keinerlei Anweisungen, was er zu tun hätte oder wie er den Alltag gestalten sollte. Er wusste lediglich, dass er pro Monat drei bis vier Tage frei bekommen würde, um nach Österreich zurückzureisen, und in dieser Zeit von einem anderen Betreuer abgelöst werden sollte. Also machte Ali es sich zur Aufgabe, Mehmet und seine Angehörigen kennenzulernen und sich im Dorf bekannt zu machen. Er verstand die Strukturen des Dorfs rasch. Auch Mehmet sollte er schnell kennenlernen, da er von nun an mehr oder weniger ununterbrochen für ihn verfügbar war.

Ali machte sich von Anfang an an die Strukturierung von Mehmets Alltag. In der landwirtschaftlich geprägten Umgebung schaffte er Nutztiere wie ein Lamm und Hühner an, zeigte Mehmet, wie man die Tiere versorgt, Pflanzen bewässert, Gemüse zieht. Der Bub lernte zum ersten Mal in seinem Leben, sich mit Regelmäßigkeit und Verantwortung um etwas zu kümmern. Ali verbrachte „aktiv", wie er sagt, vier bis zehn Stunden pro Tag mit ihm: aufwecken, kochen, essen, die Tätigkeiten am Bauernhof, Gespräche. Er nahm das Kind zu Ausflügen mit, sie gingen spazieren, orientierten sich in der für beide fremden Region. Ali half Mehmet mit dem österreichischen Schulstoff, spielte mit ihm Fußball, Basketball, brachte ihn zum Schwimmen. Eine türkische Schule besuchte Mehmet in dieser Zeit nicht. Also blieb ihnen nur, zu wiederholen und zu lernen, was er zuletzt in Wien in der Schule gelernt hatte. Mangels jeglicher Vorgaben durch das Projekt entschied Ali selbst, was für den Alltag sinnvoll war, was angeschafft werden musste, rechnete die Kosten mit den ArbeitgeberInnen in Österreich ab. Die Verläufe und Entwicklungsschritte des Buben dokumentierte er in Sozialberichten. Während der paar Tage, die er jeden Monat in Wien verbrachte, berichtete er den Projektverantwortlichen über den Alltag in Anatolien. „Ich hatte nicht den Eindruck, dass sich jemand für meine Berichte interessierte. Weder der Verein noch die Jugendhilfe“, blickt er bitter zurück.

Ali wohnte nicht weit von Mehmet und dessen Angehörigen. Bei jedem Problem, bei jedem Anlass, konnte Mehmet Ali anrufen. Ali war für ihn verantwortlich. Letztlich 24 Stunden am Tag. „Psychisch sehr belastend, sehr schwierig“, beschreibt Ali die Tatsache, jederzeit für das Kind zuständig gewesen zu sein. Die Arbeitsrealitäten hatten wenig mit den 40 Stunden zu tun, die im Vertrag vereinbart worden waren. Vor allem die Angehörigen Mehmets, Vater und Onkel, machten Ali zu schaffen. Während der Bub seine Autorität akzeptierte und sich in der Begegnung mit Ali entwickelte, unterminierten Onkel und Vater seine Autorität, machten Fortschritte des Buben zunichte. Mehr oder weniger mitbetreuen musste Ali sie, viel Energie in die Auseinandersetzung mit den beiden investieren, obwohl sie nicht seine Klienten waren. Jedes Mal, wenn Ali nach Wien zurückflog, um seine freien Tage zu konsumieren, ersetzte ihn ein anderer Betreuer, der zusammen mit Mehmets Verwandten die Strukturen, die Ali durch geregelte Abläufe und Kontinuität etabliert hatte, wieder aufweichte. Sehr frustrierend empfand Ali es, nach den wenigen freien Tagen ins türkische Dorf zurückzukehren und sich eigentlich wieder auf Anfang zurückgeworfen zu sehen.

Ali kannte Mehmets Akte, wusste, welches Verbrechen das Kind in Österreich begangen hatte. Die Auseinandersetzung mit Mehmet war nur durch strikte professionelle Trennung zwischen

Alis klarer Ablehnung des an einem anderen Kind verübten Gewaltverbrechens und seiner Rolle als Betreuer für ein strukturell benachteiligtes Kind möglich. Durch den Einfluss der Betreuung erhielt das Kind eine zweite Chance. Doch war diese Form der Betreuung dafür geeignet?

Die Zukunft war offen. Mehmet war nicht viel jünger als 14. Wie lange er in Anatolien bleiben sollte, war ungewiss. Welche Ausbildung, welche Schule sollte er, zurück in Wien, absolvieren? Wozu hier etwas beginnen, wenn er vermutlich bald nach Österreich zurückkehren würde? Inwiefern wurde er in Anatolien „aus seinen gewohnten Strukturen herausgenommen", wenn er mit Onkel und Vater zusammenlebte? Mehmet hatte vor Ort keine/n SozialarbeiterIn, keinen Therapeuten bzw. keine Therapeutin, der oder die ihn unterstützte. Ali gab sein Bestes, wusste aber, wie beschränkt sein Einfluss in dieser kurzen Zeit war. Die Mängel des Projekts wurden ihm rasch klar. Das Projekt nennt er skeptisch zurückblickend „Teppich, unter den der Dreck gekehrt wird". Mehmet hätte, so ist Ali überzeugt, wie die meisten anderen Kinder, die früh Probleme haben und machen, in Wien in einer sozialpädagogischen Einrichtung mit ausgebildeten ExpertInnen betreut werden sollen. So hätte er eher Halt und Orientierung in seinem Umfeld bekommen und vielleicht eine gewaltfreie Zukunft planen können. „Bei österreichischen Kindern würde das Jugendamt das nie dulden", meint er, was die Verschickung und die suspekte Form der Betreuung im Ausland betrifft.

Mehrere Monate blieb Ali mit Mehmet im Dorf, zwischen Österreich und der Türkei hin und her pendelnd. Der unklare Arbeitsbereich für einen Klienten, der eigentlich ein interdisziplinäres Team von Fachkräften gebraucht hätte, die ständige Bereitschaft, die mühselige Kommunikation mit Mehmets Angehörigen und die Frage nach dem Sinn des Projekts, der Zukunft des Buben zehrten an seiner Psyche. Ali kehrte nach knapp einem halben Jahr nach Wien zurück, Mehmet kurz darauf. Er wurde 14, wieder straffällig und daraufhin strafrechtlich verurteilt. Inwiefern er von der Begegnung mit Ali, von der erfolgten Beziehungsarbeit profitiert hat, sei dahingestellt. Zum besseren Andocken an die Gesellschaft, ist Ali überzeugt, hat der Zwangsaufenthalt im Ausland jedenfalls nicht beigetragen.

Gregor, Zivildiener, Wohnungslosen- und Flüchtlingsbetreuung

Arbeiter zweiter Klasse

Vieles wäre im Sozialbereich nicht machbar, gäbe es keine Freiwilligen, PraktikantInnen oder Zivildiener. So gut wie alle österreichischen Organisationen, genauer genommen 1.687 Organisationen des Gesundheits- und Sozialbereichs, sind auf Zivildiener angewiesen, um die chronische Unterbesetzung auszugleichen oder den hauptamtlichen MitarbeiterInnen HelferInnen zur Seite zu stellen, die Handgriffe und Tätigkeiten erledigen, für die im Betreuungsalltag keine Zeit bleibt oder die viele Hauptamtliche gerne abgeben: handwerkliche Tätigkeiten, Begleitungen, Freizeitaktivitäten mit KlientInnen, Hol- und Bringtätigkeiten, administrative Tätigkeiten, Büroarbeit, Einkaufen, Gartenarbeit, Reinigungstätigkeiten, Instandhaltungstätigkeiten, Unterstützung bei Einzügen, Auszügen, Räumungen und vieles mehr. Zivildiener kommen vor allem im Rettungswesen, im Katastrophenschutz, bei Krankentransporten, in Einrichtungen der Alten- und Krankenbetreuung, der Behindertenbetreuung, in Einrichtungen für Suchtkranke, in der Wohnungslosen- und Flüchtlingshilfe und in der Kinder- und Jugendarbeit zum Einsatz.

Laut Angaben des Innenministeriums wurden 2017 14.907 junge Männer den 1.687 Zivildienstorganisationen zugewiesen (BMI 2019b). Der Zivildienst, die Alternative zum Wehrdienst, dauert neun Monate und ist bis zum 35. Geburtstag möglich. Ein Zivildiener erhält eine Grundvergütung in der Höhe von 339 Euro pro Monat (Zivildienstserviceagentur 2019). Wird keine angemessene Verpflegung bereitgestellt, können bis zu 16 Euro pro Tag für Verpflegung ausbezahlt werden (ebd.). Laut Gesetz werden Zivildiener zu Hilfsdiensten herangezogen, die unter Anleitung der Verantwortlichen erbracht werden sollen. Kurzfristig können sie auch zum Erbringen anderer Dienstleistungen, die nicht zu ihren Aufgaben gehören, aufgefordert werden (ebd.). Die Zivildienstserviceagentur betont auf ihrer Homepage, dass

„Zivildienstleistende [...] nach Maßgabe ihrer Einschulungen, Aus- und Fortbildungen möglichst hochwertig beschäftigt werden [sollen]. Damit soll eine möglichst sinnvolle Gestaltung des Zivildienstes auch im Hinblick auf die Wertschätzung des erworbenen Wissens der Zivildienstleistenden gewährleistet werden" (ebd.).

Last, but not least ist es mir ein Anliegen, dass aufgrund der hohen Bedeutung, die Zivildiener für den Betreuungsalltag in den meisten Einrichtungen haben, auch ein Zivildiener zu Wort kommt. Gregor hat seinen Zivildienst vor mittlerweile drei Jahren abgeleistet. Der damals 19-Jährige hatte sich nach Abschluss der HTL gegen den Wehrdienst entschieden, weil er sich vom Bundesheer eher erwartete, „blind und unreflektiert Befehle auszuführen. Das ist vielleicht zum Teil auch ein Vorurteil", aber er hätte sich „dort wohl fehl am Platz gefühlt", erzählt er. Gregor bringt sich gern ein, arbeitet gern aktiv mit und „denkt gern selbst". Also entschied er sich für den Zivildienst und suchte nach einer Organisation, die seine Grundwerte teilt. Über einen Bekannten stieß er auf die Möglichkeit, den Zivildienst in einer christlichen Organisation abzuleisten, die zum damaligen Zeitpunkt mehrere Projekte in der Betreuung von Wohnungslosen, Suchtkranken, psychisch Kranken und AsylwerberInnen betrieb. Gregor sollte in mehreren der Projekte zum Einsatz kommen. Konkrete Erwartungen hatte er keine.

Je nach Projekt, in dem Gregor tätig war, unterstützte er die Arbeit von SozialarbeiterInnen und BetreuerInnen, die sich um KlientInnen in eigenständigen Wohnungen oder in Quartieren kümmerten. Ansonsten hielt er im Büro der Zentrale der Organisation die Stellung. Dort goss er die Pflanzen, kochte Kaffee, füllte Toilettenpapier und Papiertücher nach, entsorgte den Müll und erledigte Behördenwege. Für die verschiedenen Projekte übernahm er Hol- und Bringdienste mit dem Auto, half beim Übersiedeln und beim Umbauen und Renovieren von Wohnungen. Das Aufbauen von Möbeln gehörte ebenso zu seinen Aufgaben wie das Befüllen von Spinden, wenn neue BewohnerInnen einzogen. Vor Ort in den Einrichtungen packte Gregor ebenso ohne Aufforderung beim Ausräumen des Geschirrspülers mit an, wie er sich selbstständig mit den KlientInnen befasste, sei es durch Unterhaltungen oder Spielen. Er lernte mit AsylwerberInnen Deutsch, erlebte die Freude mit, wenn ein Wohnungsloser seine eigene Wohnung bezog, sah sich mit Alkoholismus, Psychosen und Gewalt in der Familie konfrontiert. Er unterstützte bei Festen der Organisation, sprang auch hin und wieder im Frühdienst ein, wenn das gesamte Betreuungsteam krankheitsbedingt ausfiel, und hatte eigenständig den Überblick darüber, welche Schlüssel nachbestellt gehörten, welche Spinde kaputt waren oder wann das Auto der Organisation für Transporte zur Verfügung stand.

Je nach Projekt und Umfeld, in dem Gregor mithalf, gefiel ihm seine Arbeit mal mehr, mal weniger. Während er von den einen KollegInnen in kürzester Zeit wegen seines bodenständigen, unkomplizierten Einsatzes wie ein vollwertiger Mitarbeiter geschätzt, in Besprechungen miteinbezogen und bedenkenlos für viele der anfallenden Aufgaben im Alltag eingesetzt wurde, litt er bei anderen Projekten unter der Umgangsweise der SozialarbeiterInnen. „Man wurde teilweise ausgenutzt, und die Arbeit, die man gemacht hat, wurde nicht richtig wertgeschätzt, weil man ja sowieso ‚nur Zivi' war", erinnert er sich. „Mein persönlicher Anspruch an meine Arbeit ist, dass ich sie gut und gewissenhaft mache. Nach dem Motto, wenn du's schon machst, dann mach es g'scheit", erzählt er. Anfänglich schienen ihm manche SozialarbeiterInnen mit der Haltung, dass Zivis ohnehin nur zum „Owizahn" den Dienst anträten, eher skeptisch gegenüberzustehen.

Doch nach einer Phase der Eingewöhnung bemerkten auch wirklich alle KollegInnen, wie engagiert Gregor arbeitete, was ihren zwischenmenschlichen Umgang mit ihm verbesserte. Dennoch erinnert sich Gregor, dass bei vielen Gelegenheiten „unangenehme und ungern zu erledigende Aufgaben einfach an den Zivi weitergereicht wurden. Das hat mich immer wieder gestört, weil man sich häufig wie ein Arbeiter zweiter Klasse vorkommt, um es überspitzt auszudrücken. So nach dem Motto: ‚Ich hab keine Lust drauf, soll der Zivi machen'." Die Wertschätzung, die, wie eingangs des Kapitels zitiert, formell für Zivildiener gefordert wird, konnte Gregor also nur teilweise erleben.

Ein weiterer Punkt, den Gregor in Erinnerung hat, ist, dass Zivildiener „häufig zwischen monotonen Tätigkeiten und Unterforderung pendeln". Einen Gutteil seines Zivildienstes war Gregor viel beschäftigt, doch auch er hatte „Phasen, wo ich einfach Zeit absitzen musste. Das ist extrem zermürbend und führt zu Frustration und erstickt mittelfristig jede Motivation". Gregor hätte sich bei der Aufgabenverteilung in einem Großteil der Projekte, in denen er tätig war, mehr Flexibilität gewünscht. Auch die Option, Zivildiener einfach früher heimzuschicken, wenn rein gar nichts zu tun ist und sie nur „Zeit absitzen", wäre ein Denkanstoß.

Gregor verdeutlicht das Dilemma, mit dem viele BetreuerInnen oder sonstige AnleiterInnen von Zivildienern konfrontiert sind: Manche Zivildiener sind für die angetretene Stelle ungeeignet, sind nicht motiviert, sitzen ihre Zeit ab, gehen so oft wie möglich in Krankenstand. Andere sind hoch motiviert, persönlich sehr gut für die anfallenden Tätigkeiten geeignet und können auch verantwortungsvolle Aufgaben übernehmen. Dennoch sind Zivildiener keine psychosozialen oder pädagogischen Mitarbeiter, denen gedankenlos alle Aufgaben übergeben werden können. Nachdem sich in den ersten Tagen oder Wochen herausstellt, wie motiviert oder geeignet ein neuer Zivildiener ist, gilt es einzuschätzen, wie viel Verantwortung ein junger Mensch, der in den meisten Fällen noch keine Berufsausbildung absolviert hat und der noch kaum Berufserfahrung hat, übernehmen kann. Es bleibt eine Herausforderung, ihm Aufgaben zu übertragen, die einerseits erledigt werden müssen und die, wie Gregor richtig beschrieben hat, oft monoton und unterfordernd sind, und die ihn andererseits fordern oder sogar interessieren.

Gregor fand es sehr bereichernd, im Zuge des Zivildienstes Leute kennenzulernen, mit denen er ansonsten wahrscheinlich nie in Kontakt getreten wäre. Während des Zivildienstes lernte er Langzeitwohnungslose, psychisch Erkrankte und Flüchtlinge kennen. Er wurde sich bewusst, wie stark Sozialisierung und Lebenserfahrungen Charakter und Persönlichkeit prägen: „Niemand wird so, wie er ist, geboren. Jeder Mensch ist so, wie er ist, weil ihn seine Vergangenheit dementsprechend geprägt hat." Dies hielt er sich immer vor Augen, wenn er mit sehr schwierigen Leuten zu tun hatte. „Ich hab mir immer gedacht: Wie wäre ich wohl, wenn ich genau so aufgewachsen wäre, genau das erlebt hätte bzw. hätte durchleben müssen?"

Gregor entschied sich für ein technisches Studium, aber seine sozialen Fähigkeiten kamen im Zuge eines Studentenjobs in einem Wohnheim für Wohnungslose der Trägerorganisation, bei der er den Zivildienst abgeleistet hatte, weiterhin zum Einsatz. Angesichts des technischen Studiums ist er sich bewusst, dass sowohl der Zivildienst als auch der Job im Wohnheim für ihn Einblicke in einen Arbeitsbereich und in Lebenswelten darstellte, mit denen er in Zukunft vermutlich wenig zu tun haben wird.

Zusammenfassend ist es Gregor ein Anliegen, dass Zivildiener während der neun Monate, in denen sie im Sozialbereich mitarbeiten, mit Wertschätzung und wie „echte" Kollegen behandelt werden und dass sie nach ihren Fähigkeiten möglichst „hochwertig" eingesetzt werden, wie es das Konzept von Zivildienst eigentlich auch festschreibt. Es ist kein Wunder, dass Zivildiener unmotiviert und ständig „krank" sind, wenn vorrangig unangenehme Aufgaben an sie weitergereicht werden. Bei einer Vergütung von knapp 4,30 Euro pro Stunde, die Gregor damals erhielt, „muss man sich als Einrichtung schon was einfallen lassen, wenn man da noch motivierte und engagierte Zivis haben will", meint er. Hilfreich wären Flexibilität und Abwechslungsreichtum, was die Aufgaben betrifft. Junge Menschen, die zu einem Billigstlohn arbeiten, sollten nicht ihre „Zeit absitzen" müssen. Jedenfalls gebührt ihnen Respekt und Wertschätzung in einem System, das auf ihrer Arbeitskraft beruht. Denn ohne sie geht es nicht.

… zu einer Theorie der Praxis

Diese 15 Reportagen haben dargelegt, dass die von ArbeitgeberInnen und Betriebsvereinbarungen vorgegebenen Rahmenbedingungen, die den Alltag in Betreuungsberufen bestimmen, der Praxis nicht gerecht werden. Statt dem Status quo ist eine Adaptierung der Rahmenbedingungen durch die praktischen Erfahrungen gefordert, die den tatsächlichen Alltagsrealitäten, den Notwendigkeiten des Betreuungsalltags und den Bedürfnissen der BetreuerInnen entspricht. Die Sozialwissenschaften orientieren sich seit dem 19. Jahrhundert an einer Theorie der Praxis, d. h. sie beziehen die Maßstäbe für die Analyse von Ungleichheitsverhältnissen „aus dem Feld“, aus der Praxis. Ein solcher Zugang würde auch die Rahmenbedingungen in Sozialberufen verbessern.

ExpertInnen in einschlägiger Literatur nennen eine lange Liste von Problemen, die in Betreuungsberufen grassieren (Dimmel & Schmid 2013; Hofer 2002): Ein schlechtes Betriebsklima. Hohe KlientInnenbetreuungsraten. Wenig strukturierte Arbeitszeitmodelle. Mangelnde Infrastruktur. Unklare Arbeitsaufträge. Fehlende Begleitung durch Vorgesetzte. Mangel an Supervision, Fallbesprechungen und Teambesprechungen. Berufliche Unerfahrenheit. Geringe oder keine Mittel für Fortbildungen. Unbezahlte Überstunden. Unzulängliche betriebsrätliche Repräsentation. Atypische Beschäftigungsverhältnisse. Lohndumping. Die Liste könnte fortgesetzt werden. Die BetreuerInnen, die in diesem Buch zu Wort kommen, haben diese Liste bestätigt und ergänzt. Darüber hinaus haben sie Themen, Schwierigkeiten und Erlebnisse angesprochen, die über die rein strukturelle Ebene hinausgehen, und aufgezeigt, wie sie sich im täglichen beruflichen Handeln diesen Herausforderungen stellen.

Niemand sollte mit Angst vor Übergriffen, Gewalt oder Mobbing arbeiten müssen. Niemand sollte so überlastet sein, dass keine Zeit zum Pausemachen oder Wassertrinken bleibt. Oder wegen zu langer Dienste und Schichtarbeit zu Schlaftabletten oder Rauschmitteln greifen müssen. Oder wegen unscharf definierter Aufgaben ständig Selbstzweifeln ausgesetzt sein. Niemandem sollte es an Anerkennung und Respekt am Arbeitsort fehlen.

Auch die Liste mit Lösungsvorschlägen, die sich leicht aus der Praxis beziehen lassen, ist lang. Eine klare Definition von Berufsbild und Arbeitsbereichen. Ein klarer Arbeitsauftrag. Kürzere Dienstzeiten. Eine klare Trennung von Tag- und Nachtdiensten. Ein höherer Personalschlüssel. Das Abschaffen prekärer Beschäftigungsverhältnisse. Faire Entlohnung. Ausführliche Einschulung. Budget für Aus- und Weiterbildung. Supervision. Begleitende statt kontrollierende Hierarchien durch wertschätzende, erfahrene LeiterInnen. Die Möglichkeit, autonome Schwerpunkte nach Interessen und Fähigkeiten der BetreuerInnen zu setzen. Qualitätsstandards bei der Personalauswahl. Dies sind nur einige der Maßnahmen, die Frustration und hoher Fluktuation vorbeugen und die Zufriedenheit am Arbeitsplatz erhöhen würden.

Psychosoziale Arbeit ist schön, aber anstrengend. BetreuerInnen sollten endlich die Anerkennung erhalten, die sie verdienen. Bei einer Verbesserung der strukturellen Rahmenbedingungen und bei vermehrtem Augenmerk auf die Qualität von Betreuungsprojekten könnten sich BetreuerInnen verstärkt dem widmen, was ihren Beruf ausmacht: der KlientInnenarbeit. Denn BetreuerInnen haben durch ihre Arbeit in Welten, die vor der Mehrheitsgesellschaft zumeist verborgen bleiben, die Möglichkeit, zu wesentlichen Verbesserungen beizutragen: im Leben ihrer KlientInnen und in unserer Gesellschaft allgemein.

Danksagung

Ich danke dem Verlag des ÖGB, insbesondere Dr. Peter Autengruber, sowie der AK Wien für das Interesse an meinem Projekt, die Förderung dieses Buches und die wertschätzende, professionelle Begleitung.

Größter Dank gebührt all jenen Personen, die sich für dieses Projekt für Interviews Zeit genommen und ihre wertvollen Erfahrungen mit mir geteilt haben.

Meiner Familie gilt besonderer Dank für die aufmerksame und beständige Anteilnahme und Unterstützung.

Über dieses Projekt hinausgehend danke ich Gregor Dauscher und Saber Abdalla Mohamed für den unermüdlichen Einsatz während ihres Zivildienstes bzw. Arbeitstrainings. Ihr habt Humor, Verlässlichkeit und Zusammenhalt in meinen Arbeitsalltag und in die Leben der KlientInnen gebracht und dadurch Vieles ermöglicht.

Dieses Buch ist meinem Genossen Veli Camyurdu gewidmet. Selten hat Betreuung so viel Spaß gemacht wie in Zusammenarbeit mit dir!

Literaturverzeichnis

AG Junge Wohnungslose (2013): Woher – Wohin? Wohnungslosigkeit im Übergang vom Jugendlichen- zum Erwachsenenalter. Wissenschaftliches Journal österreichischer Dachhochschul-Studiengänge Soziale Arbeit Nr. 9

Anastasiadis, Maria et al. (2003): Der Dritte Sektor in Wien – Zukunftsmarkt der Beschäftigung? http://www.lrsocialresearch.at/files/Der_Dritte_Sektor_in_Wien.pdf

Asylkoordination (2017): Asylkoordinaten. Infoblatt der asylkoordination österreich. Nr. 1, Unbegleitete Minderjährige Flüchtlinge (UMF) in Österreich, https://www.asyl.at/ad includes/dld.php?datei=30.02.ma,koordinaten-2017-op.pdf

BAWO (2011): Wohnungslosenhilfe von A bis Z. Festschrift 20 Jahre BAWO. Eigenpublikation, Wien

BAWO-a (o. A.): Frauenwohnungslosigkeit. http://www.bawo.at/de/content/wohnungslosigkeit/frauen/frauenwohnungslosig keit.html (letzter Zugriff am 28.4.2019)

BAWO-b (o. A.): Definitionen. http://www.bawo.at/de/content/wohnungslosigkeit/definitionen.html (letzter Zugriff am 28.4.2019)

BGW – Berufsgenossenschaft für Gesundheitsdienst und Wohlfahrtspflege (2016): Gewalt und Aggression gegen Beschäftigte in Betreuungsberufen. Eigenpublikation, BGW, Hamburg

BMI (2018): Asylstatistik 2018. https://www.bmi.gv.at/301/Statis tiken/files/Jahresstatistiken/Asyl-Jahresstatistik_2018.pdf

BMI (2019a): Vorläufige Asylstatistik März 2019. https://www.bmi.gv.at/301/Statistiken/files/2019/Asylstatistik_Maerz2019.pdf

BMI (2019b): Zivildienst. Presseaussendung vom 3.1.2019. https://www.bmi.gv.at/news.aspx?id=696972495070664A707 26B3D (letzter Zugriff am 2.5.2019)

Caritas (o. A.): Armut in Österreich. https://www.caritas.at/aktuell/kampagne/armut-in-oesterreich/ (letzter Zugriff am 28.4.2019)

Dimmel, Nikolaus & Tom Schmid (2013): Soziale Dienste in Österreich. StudienVerlag, Innsbruck/Wien/Bozen

Erdemgil-Brandstätter, Anneliese (2009): Prävention von Gewalt im Gesundheitssystem. https://aggressionsmanagement.at/media/downloads/praevention_von_gewalt_im_gesundheitssystem.pdf

Fasching, Helga (2014): Vocational education and training and transitions into the labour market of persons with intellectual disabilities. European Journal of Special Needs Education, Vol. 29, Issue 4

FRA – EUROPEAN UNION AGENCY FOR FUNDAMENTAL RIGHTS (2014): Gewalt gegen Frauen: eine EU-weite Erhebung. Ergebnisse auf einen Blick. https://fra.europa.eu/sites/default/files/fra-2014-vaw-survey-at-a-glance-oct14_de.pdf

FSW (o. A.): Grundversorgung in Wien. https://www.fluechtlinge.wien/grundversorgung/ (letzter Zugriff am 1.5.2019)

Grillmayer, Johanna (2019): Faktencheck zu Obdachlosenzahlen. https://religion.orf.at/stories/2959047/ (letzter Zugriff am 1.5.2019)

Heiner, Maja (2004): Professionalität in der Sozialen Arbeit. Theoretische Konzepte, Modelle und empirische Perspektiven. Verlag W. Kohlhammer, Stuttgart

Hofer, Konrad (2002): Helfen wollen und die Welt verändern. Arbeitsbedingungen von SozialarbeiterInnen und Sozialarbeitern. Verlag ÖGB, Wien

Kapella, Josef et al. (2011): Gewalt in der Familie und im nahen sozialen Umfeld. Österreichische Prävalenzstudie zur Gewalt an Frauen und Männern. Österreichisches Institut für Familienforschung (ÖIF), Universität Wien

Knauer, Raingard et al. (2004): Beteiligungsprojekte mit Kindern und Jugendlichen in der Kommune. Vom Beteiligungsprojekt zum demokratischen Gemeinwesen. VS Verlag für Sozialwissenschaften, Wiesbaden

Kulbe, Anette (2009): Grundwissen Psychologie, Soziologie und Pädagogik. Lehrbuch für Pflegeberufe. Kohlhammer Verlag, Stuttgart

Leibetseder, Bettina & Christine Stelzer-Orthofer (2004): Frauenerwerbsarbeit und Dritter Sektor. Herausforderung für das Gender-Mainstreaming. http://www.beigewum.at/wordpress/wp-content/uploads/066_bettina_leibetseder_christine_stelzer-orthofer.pdf

Mittelstaedt, Katharina (2018): Bildung wird in Österreich überdurchschnittlich vererbt. https://derstandard.at/2000089915701/Bildung-wird-laut-OECD-in-Oesterreich-weiter-ueberdurch schnittlich-vererbt (letzter Zugriff am 2.5.2019)

Nagele, Romana et al. (2013): Partizipation und Selbstbestimmung in der Wiener Wohnungslosenhilfe. Wissenschaftliches Journal österreichischer Fachhochschul-Studiengänge Soziale Arbeit, Nr. 10

Neue Caritas (2011): Die Gewalt thematisieren. https://www.caritas.de/neue-caritas/heftarchiv/jahrgang2011/artikel2011/die-gewalt-thematisieren (letzter Zugriff am 6.5.2019)

OECD (2018): Education at a glance 2018. Country Note Austria. http://www.oecd.org/berlin/publikationen/EAG2018_CN_AUT.pdf

Pörtner, Marlies (2014): Ernstnehmen – Zutrauen – Verstehen. Personzentrierte Haltung im Umgang mit geistig behinderten und pflegebedürftigen Menschen. Fachbuch Klett-Cotta, Stuttgart

Pörtner, Marlies (2016): Alt sein ist anders. Personzentrierte Betreuung von alten Menschen. Fachbuch Klett-Cotta, Stuttgart

Statistik Austria (2018): Eingliederungsindikatoren 2017. Kennzahlen für soziale Inklusion in Österreich. https://www.sozialministerium.at/cms/site/attachments/8/6/5/CH3434/CMS1553498749511/eingliederungsindikatoren_2017__statfinal_rev1_2.pdf

Stefan, Harald & Günter Dorfmeister (o. A.): Aggression und Gewalt in Krankenhäusern und Geriatriezentren. https://aggressionsmanagement.at/media/docs/Stefan_Aggression_Artikel.pdf

UNHCR (o. A.): Zahlen im Überblick. https://www.unhcr.org/dach/at/ueber-uns/zahlen-im-ueberblick (letzter Zugriff am 28.4.2019)

Volkshilfe (o. A.): Kinderarmut in Österreich. Daten und Fakten. https://www.volkshilfe.at/fileadmin/user_upload/Media_Library/PDFs/Sonstiges/4_Faktensammlung_0205.pdf

Wiener Tafel (o. A.): Armut in Österreich. https://www.wienertafel.at/index.php?id=418 (letzter Zugriff am 1.5.2019)

Zimmer, Anette (2002): Dritter Sektor und Soziales Kapital. Münsteraner Diskussionspapiere zum Nonprofit-Sektor, Nr. 19. Westfälische Wilhelms-Universität, Münster